長嶺超輝

JN265042

裁判官の
爆笑お言葉集

GS
幻冬舎新書
031

裁判官の爆笑お言葉集／目次

はじめに

さだまさし「償い」を知っていますか

「唐突だが、君たちは、さだまさしの『償い』という唄を聴いたことがあるだろうか。この唄の、せめて歌詞だけでも読めば、なぜ君たちの反省の弁が、人の心を打たないか分かるだろう」

2002年2月19日、東京地裁の山室恵《めぐみ》裁判長は、傷害致死容疑で起訴された2人の少年に対し、懲役「3年から5年」の不定期刑を言い渡しました。少年たちが早い段階で更生をみせれば3年後には刑務所を出られますが、まぎれもない実刑判決です。

深酔いした者を執拗に痛めつける犯行態様は悪質。被害者の側にも一定の落ち度はあったが、それは被告人らに生命を奪われる理由にはならない。……そういった主旨の判決理由を読み上げた後、山室判事が切り出したのが冒頭の言葉です。

「お前ら、ちゃんと謝れよ！　すみませんぐらい言えんか！」

深夜の地下鉄車内に響き渡る男性の声。怒号が向けられた先は、18歳の少年たち4人でした。深夜までひとしきり遊んだ彼らが、東急田園都市線・渋谷駅から乗車した際、そのうちひとりの体が、牧顕さんの足先に接触したのです。

「足なんか踏んでねぇだろ！　うぜぇんだよ！」

4人は悪びれる様子もなく、牧さんを無視して話に興じています。

その夜、牧さんはかなり酔った状態で帰宅途中でした。もともと筋の通らないことが嫌いな性格で、酒に酔うと持ち前の正義感が増幅されることもしばしば。居酒屋でマナーの悪い客に強い口調で注意し、相手に激昂されたトラブルもあったといいます。

渋谷から2駅の三軒茶屋駅で、いったんホームに降りた牧さん。しかし、それまで溜めこんでいたイライラが限界に達していたのか、彼は突然きびすを返して閉まりかけたドアを両手で押さえ、車内の少年たちに向かい、再び大声で怒鳴りつけました。

次の瞬間、ドアは再び開きだします。牧さんがまた乗車するものと思った車掌が、スイッチを「開」に切り替えたのでしょう。すると、4つの人影がホームへと降り立ち、牧さんの周りを取り囲んでいったのです。

2001年4月29日午前0時10分。三軒茶屋駅にて暴行事件が発生。警視庁世田谷署は、逃走中の犯人4人について全身イラストを作成し、情報提供を呼びかけました。警察官が渋谷駅周辺でまいたチラシは、じつに1万枚以上にのぼったそうです。

5月4日早朝、牧さんは収容先の病院で亡くなりました。享年43歳。死因は、頭部打撲によるクモ膜下出血でした。

神奈川県警相模原署と警視庁町田署にそれぞれ2人ずつ、少年たちが姿を見せたのは、その日の夜のこと。牧さんの死亡をテレビで知った4人は、互いに連絡を取り、警察署への出頭を示し合わせたといいます。

「ボクがやった……」

相模原署に現れ、そうつぶやいた無職の少年に対し、警官は「何をやったのか」と尋ねました。しかし、それ以上の言葉はありません。たまらず「三軒茶屋の事件です」と真実を告げたのは、付き添いの父親でした。

少年4人のうち、牧さんに殴る蹴るの暴力を加えた2人については、事案の重大さから、家庭裁判所でなく、地方裁判所の公開法廷で審理されることに。残り2人は、彼らの暴行を「見ていただけ」ということで、嫌疑不十分により、そのまま釈放されました。

東京地裁の刑事法廷で、「申し訳なく思います」「反省しています」「深くおわびします」など、ひたすら謝罪の言葉を繰り返した被告人の少年たち。しかし、その態度は実に淡々としていて、人ひとりの命を奪ってしまったことの重大さを正面から受け止めているとは言いがたいものでした。

冒頭の「さだまさし説諭」は、このような事情を背景として生まれたのです。裁判官が具体的な曲の名をあげて被告人を諭すのは異例で、テレビや新聞などでも話題になりました。

「法で、人の心を裁くには限界があるから……」とは、判決を知ったさださんの言葉です。

判決の翌日、東京拘置所にいる少年のもとに届いた1通の手紙。差出人は叔母。たまたま「償い」が収録されたアルバムCDを持っており、歌詞を書き写してよこしたのです。

接見に来た母親が「これからのことだよね。長い年月がかかっても、一生懸命にやって遺族に誠意を見せないと。人に許しを請《こ》うのは簡単なことではない」と話すと、少年は「わかってる」と応じたといいます。少年たちは控訴することなく、実刑判決が確定しました。

実話をもとにして作詞された「償い」は、交通事故の加害者が自分の幸せや楽しみを犠牲にして必死にお金を作り、毎月欠かさず被害者の奥さんに郵送し続けるという唄です。

裁判官は「法の声」のみを語るべき？

法というものの仕組みは、つきつめれば「デジタル」に他なりません。すなわち「ある」か「ない」かという二項対立の組み合わせです。

法律の条文に書かれた「要件」をすべて満たし、「スイッチ」が全部「オン（入）」ならば訴えは認められます。「要件」を満たさず、スイッチがひとつでも「オフ（切）」になっていれば、訴えは退けられます。ただそれだけのことです。

たくさんのスイッチが何段階にも入り組んで難しく見える条文もありますが、原理はきわめてシンプル。というより、法というものは、そもそもシンプルである必要があります。そうでなければ何が違法で何が合法なのか、答えがはっきりしなくなるからです。

誰に対しても平等に明快な答えが出るぶん、きめ細かい配慮には不向きで、融通が利きにくいのも法の宿命です。切れ味は鋭いが長くてかさばる日本刀を使って、きゅうりやニンジンの飾り切りを作るようなもどかしさがあるのは確かでしょう。日本の裁判は無味乾燥な判決文を大量生産し、当事者を置いてきぼりにしている、という批判もここから生まれます。

しかし、このデジタルな法的結論の中に、ふとアナログの表情が見えてくることもあります。それが裁判官の言葉。裁判官は建前としては「法の声のみを語るべき」とされていますが、法廷ではしばしば裁判官の肉声が聞かれます。私情を抑えきれず思わず本音がこぼれてしまうこともあれば、冒頭の山室判事のように、人の心に直接響く「詩」や「名言」などをあえて借りるといったこともあります。

本書ではこのような、ふだんはあまり耳にする機会がない裁判官の発言を集めてみました。

新聞などで報じられたもののほか、私が裁判を傍聴したときに印象深かった言葉もあります。

爆笑、苦笑・失笑、はたまた感涙、ときには憤慨……ひとつひとつの言葉に読者の皆さんがどんな感想を抱くかは人それぞれでしょう。「裁判官って案外おもしろいこと言うじゃん」と軽いノリで楽しんでいただいてもちろんかまいません。そのうえで、「法という道具を使って、人が人を裁く」とはどういうことなのか、民主主義国家における裁判とはどうあるべきなのか、将来もし自分が裁判員になったらどう振る舞うのか、といったことに、少しでも思いをはせていただけるなら、著者としてこれほど幸いなことはありません。

裁判官のメッセージを聞ける機会

公の場で、裁判官からの貴重なメッセージを聞ける機会には、次に挙げるようなものがあります。

【補充質問】

裁判の審理中、証言台にいる証人や被告人に対して、検察側と弁護側、それぞれの立場から質問がされ、ひとしきり話を聞いた後でも、「まだ聞き足りないな」と思ったときに、裁判官から投げかけられる質問。

時々、質問というよりも、被告人に向けた助言か説教としか言いようのないメッセージが飛び出すこともあり、それが目あてで裁判傍聴にハマる人も多い。

【判決理由】

判決で、主文（たとえば刑事事件なら有罪か無罪か。有罪だった場合の刑罰について）の結論に至った理由が述べられる。証拠や証言などからどのような事実を認定し、いかなる法を根拠にしてその結論が導き出されるかを示すものだが、しばしば部分的に、各裁判官の特徴的な言葉づかいや価値観が現れる場合もある。これもまた魅力的。

【付言・所感・傍論】

多くは判決理由の終わりのほうで裁判官から投げかけられる、世の中への提言など。とくに強制力はないが、この付言に沿って、国や地方自治体が動くこともある。

たとえば、加熱処理されていない血液製剤を介して、おもに白血病の患者さんの間で広がった「薬害ＨＩＶ問題」の話。１９９６年１月、厚生大臣に就任した菅直人代議士が、行政のミスを示す資料を徹底的に洗い出し、犠牲者の遺影に向かって土下座をして謝罪するなど、すみやかな対応が評価されたことがあった。これは前年の10月、東京地裁と大阪地裁が合同で薬害

HIV訴訟の和解案を出した際に付された「所見」の中で、国の対応の遅れを厳しく指摘したことがきっかけになった、ともいわれている。


【説諭】

刑事・少年事件が対象。判決公判で、主文と判決理由を読み上げた後に、あらためて、被告人の将来についてアドバイスをする機会。冒頭の「さだ説諭」もこれにあたる。

決して裁判官の気まぐれ発言でなく、刑事訴訟規則221条に定められている、れっきとした法令行為。正式には「訓戒」というものだが、この本では、マスメディア用語として一般になじみのある「説諭」という言葉で呼ぶことにする。


【閉廷後の言動】

裁判官が閉廷を宣言した後の、法廷での非公式な出来事。これは気まぐれかも。


【その他(法廷の外)】

裁判所の代表者（長官・所長）が、司法記者クラブを対象にして行う記者会見。「罪を犯して逮捕された裁判官が、警察・検察の取り調べに対して供述した調書」などという機会もある。

第1章

死刑か無期か？

裁判長も迷ってる

14

死刑はやむを得ないが、私としては、君には出来るだけ長く生きていてもらいたい。

群馬県前橋市で深夜に発生した「スナック乱射事件」で、4人を射殺した暴力団幹部の被告人に、求刑どおりの死刑判決を言い渡して。

前橋地裁　久我《くが》泰博《やすひろ》裁判長
当時53歳　2005.3.28［説諭］
→P.24、28、156

一見すると矛盾、その真意は……

抗争相手である組長の殺害を命じられ、スナックで歓談中だった「標的」に銃口を向けた被告人。ただ、あまりの興奮で通常の判断力を失ったのか、現場であるスナック店内だけでなく、なぜか入り口の外へ向けても発砲しています。この「乱射事件」で、何の関わりもない庶民の人生が、理不尽な形で奪われる結果となりました。さらに理不尽なことに、標的となったはずの組長は、一命を取り留めています。

そういう裏の世界に身を置くことでしか生きられない人たちもいるのでしょうが、「カタギに迷惑をかけるヤツは、やくざの風上にも置けない」という掟があるともいいます。庶民が狙われるような暴力団抗争は単なるテロ。まったく弁解の余地はありません。

それにしても、「暴力団に特有の人命軽視の論理」と非難し極刑を言い渡しながら、「長く生きてほしい」とはどういう意味なのでしょうか。矛盾した発言のようにも思えますが、この後、説諭はまだ続いたのです。「遺族に謝罪を続けていってください」と。

16

宗教に逃げ込むことなく、
謝罪の日々を送るようにしてください。

殺人、殺人未遂、逮捕監禁致死、死体損壊、爆発物取締罰則違反、火炎びん処罰法違反の罪に問われた、オウム真理教の元ナンバー4、井上嘉浩に対し、死刑の求刑をしりぞけ、無期懲役の判決を言い渡して（控訴審で逆転の死刑判決。2007年現在、最高裁に上告中）。

東京地裁　井上弘道裁判長
当時47歳　2000.6.6［説諭］

オウム真理教・元ナンバー4に

被告人は、この説諭を受けた直後から、拘置所内で続けていた瞑想修行をパッタリやめたのだそうです。もともと素直な性格で、元教祖の松本智津夫をして「修行の天才」と言わしめたほどの男。きっと、設定した課題をどんどんクリアしていくことが得意だったのでしょう。こういう彼の長所が、いい方向に活かされなかったことは悔やまれます。

世間を震えあがらせる凶悪犯罪に次々と手を染めた被告人について、当時マスコミが予想していた刑罰は「死刑」でほぼ固まっていました。この判決の理由でも「被告人の刑事責任は極めて重大」「死刑を選択することは当然に許されるべきで、むしろそれを選択すべきであるとすらいえる」とまで言い切られています。

それなのに、無期懲役となったのは、事件が松本による心理的な人格誘導（マインド・コントロール）がなければ起こりえなかったもの、と認定されたからです。オウム事件を担当した他の裁判官が決して手を付けなかったところにまで、井上判事は積極的に踏みこみました。通常行われる、精神科医による精神鑑定でなく、社会心理学者の「心理鑑定」を採用するなどして、できるだけ正確な事実関係を知ろうと努めたのです。

18

控訴し、別の裁判所の判断を仰ぐことを勧める。

知人の女性2人を殺害し、奪ったキャッシュカードから約200万円を引き出すなどして、強盗殺人の罪に問われた被告人の女に、求刑どおりの死刑判決を言い渡して。

宮崎地裁　小松平内《へいない》裁判長
当時51歳　2001.6.20［付言］
→P.192

極刑を言い渡すプレッシャー

日本全国の刑事裁判官が、お互いに空気を読み合いながら積み上げてきた暗黙の了解。それを「量刑相場」と呼びます。「この類の事件でこういう事情があれば、どれぐらいの刑罰が適当か、執行猶予は付けるべきか」といった判断の目安となる基準です。法律には、刑罰の上限と下限なら定められていますが、量刑相場は書かれていません。

もともと裁判官は、法廷に出された証拠から「自由な心証」に基づいて判決を出すので、同じような事件であっても、量刑にばらつきが出てくるのはむしろ自然なことでしょう。

とはいえ、似た事件を起こした被告人の間で比べたとき、あまりにも刑罰の内容に開きがあるのも問題です。というわけで、厳粛な裁判の場に「相場」という言葉は似つかわしくないかもしれませんが、量刑相場も憲法14条1項「法の下の平等」の現れとして尊重されるべきなのです。

犠牲者2人、被害額200万円の強盗殺人事件。相場によれば死刑が相当なのでしょう（控訴審の判決も死刑を維持）。しかしたとえ極悪人であっても、自らの手で始末することにためらいを感じたのでしょうか。もしかしたら、量刑相場の現状に対する抗議だったのかもしれません。小松裁判長による、涙ながらの異例の付言でした。

尊い一命を奪った罪は、
被告人の一生をもって償わせるのが相当で、
仮釈放については可能な限り、
慎重な運用がなされるよう希望する。

広島県で小学1年生の女子児童を、わいせつ目的で誘拐した末に殺害したとして、殺人の罪などに問われたペルー国籍の男。裁判長が「残虐な犯行だが、計画性には乏しい」として、死刑の求刑をしりぞけて無期懲役を言い渡し、その後に付け加えて。

広島地裁 岩倉広修《ひろみち》裁判長
当時49歳 2006.7.4［付言］

無期懲役=「懲役15年〜40年」という現状

「無期」って、どういう意味でしょう。辞書をひくと「期限がないこと」とあります。そうしたら普通に思い浮かべるのは、「ずっと」「永久的に」ということですね。

刑法にいう無期懲役も、もともと終身刑を想定しているはずです。しかし実際には、10年以上服役した無期懲役囚は、刑法28条により「仮釈放」の対象となり、「改悛《かいしゅん》の状(自分の過ちを悔いあらため、反省する気持ち)」を条件に社会復帰ができます。

この「改悛の状」の甘さ、あいまいさがしばしば批判されますが、逆に「改悛の状」の意味をせまく解釈すれば、日本でも法律改正なしに終身刑が実現されることになります。現に2000年にも、ある幼女殺害事件で、仙台高裁の泉山禎治裁判長が無期懲役を言い渡したとき、「仮釈放の際は、遺族の意見を聞くように」と付け加えています。

1998年6月に最高検察庁が出した通達では、死刑事件に準ずるほど悪質なものを「マル特無期事件」と位置づけ、刑務所長などから仮釈放の相談を受けたら、できるだけ「不許可」の意見書を出すよう全国の検察庁に求めました。

ただ、全国の刑務所は軒並み定員超えの「満室状態」で、終身刑の導入どころではないという現実もあります。

早く楽になりたい気持ちはわかるし、
生き続けることは辛いかもしれないが、
地獄をきちんと見て、
罪の重さに苦しんでほしい。

殺人、現住建造物放火などの罪に問われた被告人につき、死刑の求刑をしりぞけ、無期懲役の判決を言い渡して。

大阪地裁　大島隆明裁判長
当時44歳　1999.6.25［説諭］

裁判官の説明責任

大島判事は、のちに読売新聞のインタビューに応え、「地獄という言葉が適切だったかどうか、今もわからない」と、当時を振りかえっておられます。生きて罪を償う日々を「地獄」と表現しようと決めたのは、判決当日の朝だったそうです。

被告人は被害女性の不倫相手。被害女性は夫と娘の3人暮らしでした。女性の側から別れ話を持ち出されて殺害を計画。深夜に一家のいる従業員寮へ侵入し、部屋にガソリンをまいて放火。火事に気付いて起きた夫婦を包丁で刺殺。眠っていた2歳の長女も焼け死なせた、とされます。

3人も亡くなっているのですから、世論も「死刑で当然」という雰囲気だったようです。しかし、大島判事の心に引っかかったのは、「交際相手もいなくなり、生きていても仕方ない。死んで責任をとる」という被告人の投げやりな考えでした。

判事は「被告人にいかに無期懲役の意味を伝え、納得させるか。悔いを残したくなかった」と語っています。司法には伝統的に「裁判官は弁明せず（判決の中に言いたいことを全て注入して、後で言い訳するな）」という態度があります。しかし大島判事の率直なコメントは、司法という強大な権力の担い手として、いわば説明責任を果たしたものといえないでしょうか。

犯人が人を殺すのは簡単だが、
国家が死刑という判決を出すのは大変だということです。
皆さん、納得はいかないと思いますが、
そういうことです。

殺人、未成年者略取などの罪に問われた男に、死刑の求刑をしりぞけた上で無期懲役の判決を言い渡して。閉廷後に、遺族のいる傍聴席に向かって、異例の言及。

前橋地裁 久我泰博裁判長
当時51歳 2003.10.9［閉廷後］
→P.14、28、156

「事件の悲惨さ」と「量刑相場」の板ばさみ

明日から夏休みが始まる、という日でした。学校の終業式を終えて帰宅する途中、車を運転中の男に道を尋ねられた高校1年生の女子生徒。次の瞬間、彼女はムリヤリ車内に押し込められ、さんざん連れまわされたあげく山中で絞殺されてしまいます。

男は女子生徒の自宅に電話し、両親に「50万よこせば娘を帰す」とウソを言い放ち、現金23万円を受け取りました。男は、別れた妻や子に会いたかったらしく、そのため、児童相談所を脅すための拳銃を買う資金がほしかったとのこと。理解に苦しむ動機です。

久我裁判長は判決理由で、犯行の残忍さ、卑劣さを繰り返し強調しています。遺族の心情を考えれば、今すぐ被告人の首を締めつけてやりたい。しかし「犠牲者数1名」「計画性に乏しい」というデータを、過去の重大事件における量刑相場に照らし合わせたとき、本件で死刑を下すのは全体のバランスを崩す、とお考えになったのでしょう。

被告人が何も考えていなかったぶん、裁判長は相当悩まれたのではないでしょうか。なお、東京高裁の白木勇裁判長（↓P160）は、一審を破棄。被害者1人の殺人事件としては異例の死刑判決が出ています。

科すべき刑は、死刑以外にありえない。

白昼、大阪教育大付属・池田小学校に侵入し、刃物で8人の児童を殺害、教諭2人を含む15人を負傷させた被告人・宅間守に対する判決公判で。

大阪地裁 川合昌幸《かわあいまさゆき》裁判長
当時50歳 2003.8.28［理由］

その判決は、誰のため？

ゆがんだコンプレックスを増幅させ、どうにもならなくなった自分を徹底的に嫌う。一方で「こんな自分をつくったのは社会のせい」などと、自己正当化もしてみる。そのくせ「死刑にしてほしい」と身勝手に願う。

川合裁判長が主文を言い渡そうとすると、それをさえぎるようにして、宅間は「最後に言わせてえな。どうせ死刑になんねんから」などと不規則発言を繰り返しました。結局、裁判長は宅間に退廷を命じます。「口をふさいででも、宅間の目の前で死刑を宣告してほしかった」とは、ある遺族の言葉です。

刑事訴訟法は、判決の確定から6カ月以内に、法務大臣が死刑執行命令を下すよう義務づけていますが、この規定はまず守られません。確定から執行まで平均7年5カ月（平成8～17年）かかっている中、本件では1年足らずという異例の早さで刑が執行されました。

死刑以外の刑はありえない。その結果、死を望む人間に対し、国家がその望みをかなえてやる形になりました。ひょっとしたら、彼のようなタイプにとっては、終身刑こそが自分の罪に正面から向き合わされ、最も強い恐怖をおぼえる「極刑」だったとは考えられないでしょうか。

28

無期懲役でも仕方がないよね。

年配者を狙った7件の路上強盗により、2名を死亡させ、計17万円を奪ったとして、強盗致死の罪に問われた男に対する判決で、求刑どおり無期懲役の判決を言い渡して。男は「はい」とだけ答えた。

前橋地裁　久我泰博裁判長
当時54歳　2006.3.9［説諭］
→P.14、24、156

久我判事、3度目の登場

男は、犯行動機について「フィリピンパブで遊ぶ金がほしかった」と供述しています。他人の金を強奪してでも行きたいほど、楽しくてたまらない桃源郷なのでしょうか。そのフィリピンパブってところは。

犠牲者の一人は、酒を飲んだ後の帰り道、男に背後から襲われ、歩道わきの溝に落とされ、顔や頭を数回にわたり足げにされた、といいます。被害男性は当時、財布の中に500円しか持っていませんでした。持ち合わせの金がないことを伝えて命ごいすれば、男としては襲撃する理由なんかなかったはずです。なのに、そんな弁解のチャンスすら与えず、男は最初から問答無用で殴る蹴るの暴行を加えています。

この男、金がほしいなら、せめて口で言えばいいものを、「金を出せ」と恐喝する手間すら面倒だったのでしょうか。

突然の通り魔的犯行で、結果として犠牲者が2名も出ている。それでなぜ死刑でなく無期懲役なのか。おそらく「殺害するつもりがなかった」という要素が大きかったのでしょうが、この章で3度目の登場の久我判事に、真意をお尋ねしたいところです。

コラム

自分のこと「裁判所」って呼ぶんだよ

裁判官が法廷で自分の考えを述べる場合には、「私」でも「本官」でもなく、なぜか建物の名前である「裁判所」が主語として選ばれます。「裁判所はそう考えます」「裁判所としても、そこが心配なのです」などという独特の言い回しですね。英語などでこそ、生き物以外の物が主語になる「物主構文」はありますが、日本語としては少し違和感があります。

私情を入れず、あくまで司法システムの一端を担う者として、客観的に「法の声」を代弁している、という自己演出の意味があるのかもしれません。そんな厳粛な雰囲気の中ですから、ふとした瞬間にポロッと出てくる、個々の裁判官のホンネや価値観に対して、かえって興味が湧いてこようというものです。

この本で「裁判所とは何者なのか」を、少しずつ明らかにしていこうと思います。ご期待ください。

第2章 あんた、いいかげんにしなさいよ

あまりに呆れた被告人たち

しっかり起きてなさい。
また机のところで頭打つぞ。

殺人、殺人未遂、殺人予備、逮捕監禁致死、死体損壊、武器等製造法違反の罪に問われた、オウム真理教の元教祖・松本智津夫の第95回公判。教団の元幹部・新実智光の証人尋問中に大あくびをする被告人に対して。

東京地裁　阿部文洋裁判長
当時53歳　1998.10.16［その他］
→P.162

「最終解脱者」はただの居眠りオッサン

宗教団体の皮をかぶったテロ集団「オウム真理教」の元教祖。こいつと同郷の熊本育ちというだけで、私は肩身の狭くなる思いがします。

この大事件を担当するにあたって「この裁判は、世界が注目している」と話し、身の引き締まる思いで初公判の日を迎えたという阿部裁判長でした。しかしフタを開けてみれば、おごそかな審理には似つかわしくない、被告人の呆れた行状が目の前に。

平気で居眠りするわ、意味不明の不規則発言を繰り返すわ、あぐらをかきだすわ、へたくそな英語をしゃべり出すわ（※裁判所法74条「裁判所では、日本語を用いる」の規定に反する違法行為）。

そんな腹立たしいオッサンの世話をしながら、審理にも集中しなければなりません。よけいなエネルギーを使わされて、裁判長は心底から疲れ果てたんじゃないかとお察しいたします。間違いなく、3歳児のほうがお行儀いいでしょうから。

余談ですが阿部裁判長には、ひとつの自慢がありました。それは、裁判長の座を小川正持判事に譲るまでの、計219回にわたる公判で、一度も同じネクタイを着用していないことです。じつはオシャレな方でもあるんですね。

それは、あなたの思い込みではないですか。

新興宗教団体「ライフスペース」代表・高橋弘二が、病気で入院していた信者の父親をムリヤリ病院から連れ出し、ホテルの一室でデタラメな治療をしたあげくに、死に至らしめた事件。事件が発覚したとき、遺体はすでにミイラ化していた。
患者を保護する義務をおこたって、そのまま放置するという「不作為」での殺人罪に問われた元代表が、法廷で「彼はもともと治療不可能。『定説』による判例では、殺人罪はもちろん、有罪にはならない」などと話したことに対し。

千葉地裁 小池洋吉裁判長
当時56歳 2000.7.4 ［質問］
→P.82、174

職業は「ザ・グルこと、高橋弘二です」

一連のオウム事件の忌まわしき記憶が消えぬ日本列島を、再び揺るがした事件でした。長い白ヒゲをたくわえ仙人のような風貌の被告人。口グセである「定説」は流行語にもなりましたね。

屁理屈とすらいえない「定説」で自らを正当化する彼を、世間は半ば面白がっていたところがありました。しかし、小池判事は違います。「理屈を聞いているのではない」と、いつもの強い口調で一喝。そうです。こいつは、人ひとりを死なせているのですから。

怒ったグル高橋は、すかさず「定説によると、小池裁判長は重罪で極刑に値する」などと反撃しだしました。なんでも言えばいいってもんじゃありません。

本件は2005年7月、最高裁で懲役7年の実刑が確定しています。教義は全くのデタラメでしたが、裁判としては「不作為の殺人罪」を初めて正面から認めた大事な判例になりました。

ちなみに、ザ・グルは著書の中で「食事はエビ・ソバ・トマトだけ」と、その仙人ぶりを盛んにアピールしていました。しかし勾留中は、出された弁当や味噌汁を、おいしそうに食べていたそうです。

36

この前から聞いてると、
あなた、切迫感ないんですよ。

建築基準法(構造耐力)違反、議院証言法(偽証)違反、建築士法違反幇助《ほうじょ》(名義貸し)の罪に問われた、元一級建築士・姉歯秀次に対する被告人質問の中で。

東京地裁 川口政明裁判長
当時54歳 2006.10.12 [質問]
→P.86

耐震強度だけでなく「貧乏」も偽装

門のランプが外れかかり、窓ガラスが割れたまま放置されている姉歯宅の映像を見ていると、本当に「生活費に困って」やってしまったのではないかと、ついだまされそうになります。何のことはない。家にお金を入れてなかっただけだったんですね。

最初は借金がある中、建設会社からの依頼をつなぎとめるため、つい「悪魔の設計」に魂を売ってしまったのでしょう。ただ、借金を完済しても偽装を続け、高級外車2台も購入。その点を裁判長に問われ、「ローンで買いました、ローンで」と言い放った被告人。そんないけしゃあしゃあとした弁解が、川口判事のハートに火を付けたのでした。

「フタを開ければ、そんな贅沢をしている。やっていることはデタラメ。そんな発言では被害者も関係者もみな怒りますよ。あなたに深刻さがないと、怒りのもっていきようがないんですよ」……約30分間にわたり、被害者に代わって怒りを爆発させたといいます。

判決は、検察官からの求刑をそのまま認めた厳しい実刑。被告人は、この判決を不服として東京高裁に控訴しています。

いい加減、これっきりにしてください。

窃盗の罪に問われた母娘に対して、執行猶予つきの有罪判決を言い渡して。

名古屋地裁 池田信彦《みちひこ》裁判官
当時46歳 2006.6.29［説諭］

だってバッグが素敵だったから

リサイクル店の売り場にある有名高級ブランドのバッグなどをトイレに持ちこんで、自分のかばんに入れる「実行役」の娘。「見張り役」の母は、ときには孫を連れて犯行を繰り返していたようです。そんな連携プレイを1年以上続け、娘は犯行動機について「バッグが素敵だったから」と供述しています。

池田判事も、呆れたんでしょうね。「もう二度と繰り返さないと誓えますか」という決まり文句が吹き飛んでしまいました。

私も、母娘がぐるで行った万引き事件の裁判を傍聴したことがあります。こちらは、母がスーパーの商品をかごに入れて、レジ係をしていた娘が、安価な1品を除いて全てバーコードを通さずに支払いをごまかすというもの。手のこんだ犯行でしたが、防犯カメラであっさり見つかりました。

窃盗という犯罪は、女性によって行われる割合が特に高いことで知られています。全犯罪に占める女性の割合は平均すると約2割ですが、2004年の統計によれば、窃盗罪のうち30・8％、中でも万引きは44・2％が女性の手によるものでした。

交通事故裁判での、被害者の命の重みは、
駅前で配られるポケットティッシュのように軽い。
遺族の悲嘆に比して、
加害者はあまりにも過保護である。
命の尊さに、法が無慈悲であってはならない。

飲酒運転と赤信号無視によって発生した交通死亡事故で、被告人に懲役3年の実刑判決を言い渡して。

京都地裁　藤田清臣《きよおみ》裁判官
当時55歳　1996.11［理由］

「全地球」か「ポケットティッシュ」か

親子水入らずで、一緒に銭湯へ行った帰り道。「お母さん、先に行ってアイス買ってくるね」……。母の目の前で突然、幸せな日常が砕け散りました。警察で「お棺に入れてあげてください」と渡された茶封筒には、路上に散った息子の骨の破片が入っていたそうです。

戦後、最高裁が発足して間もなく、ある大法廷判決の理由で「生命は尊貴である。一人の生命は、全地球よりも重い」と宣言されたことがありました。藤田判事は、全地球より重いはずの被害者の生命があまりに軽んじられている交通事故裁判への憤りを、抑えきれなかったのでしょう。それにしても、なぜポケットティッシュ。判決文を考えている最中に、駅前でもらって、「なんて軽いんだ!」とビックリなさったのでしょうか。

この判決が画期的だったのは、ユニークな表現だけではありません。検察官の求刑は懲役2年6カ月。なのに判決は懲役3年。わが国の刑事裁判で非常に珍しい「求刑超え判決」です。

裁判官の量刑が検察官の求刑を上回ることを、法律は特に禁じていません。ただ、そんな判決を言い渡されたら、弁護人はもとより、検察官も立場がないかもしれませんね。

藤田判事は「一裁判官としての思いの丈は判決の中に込めた。そこから酌みとってほしい」という言葉を残すだけで、今は多くを語りません。

42

執行猶予を当然と思わないでほしい。

睡眠薬で眠らせて金品を奪ったとして、昏睡《こんすい》強盗の罪に問われた被告人２人に、執行猶予つきの有罪判決を言い渡して。

松山地裁　前田昌宏裁判官
当時45歳　2006.7.28［説諭］

「深夜の手料理」で情状酌量?

「遊び仲間」だという30歳男性の部屋に、深夜あがりこんだ女たちが「夜食つくってあげるね」と腕をふるったのはインスタントラーメン。ま、手料理とは言いがたいですが、その程度のことでも「あぁ、オレは今モテてる……!」と単純に喜びを噛み締めてしまうのが、男ってヤツの悲しみです。

モテている実感に打ち震えるあまり、多量の睡眠薬によってスープの味が変わっていることに気づかなかったのでしょうか。男性はその場で眠りこんでしまいました。被告人らは、現金6万3000円と、ブランド品や貴金属類（時価35万円ほど）を盗んで部屋を後にしました。指紋を残さないように手袋まで着用する用意周到さ。男性は完全にカモにされていたというわけです。かわいそう。

昏睡強盗は、法定刑が強盗と同じく5年以上20年以下の懲役という重罪で、情状酌量でもないと執行猶予はつきません。薬物による昏睡で被害者が命を落とす危険だってありますしね。ただ、本件では被害男性が「厳罰を求めていない」という理由で酌量減軽されたようです。たとえ睡眠薬入りでも、20歳のムスメたちにラーメンをつくってもらった嬉しさをいまだに引きずっているのでしょうか。早く目を覚ませ!

もし、犯人でないのなら、
説明してくれればありがたかったとも思います。
たしかに黙秘権は被告人の権利。
だが、あなたの声をもう少し聞いて判断したかった。

強盗殺人の罪に問われ、逮捕当初から容疑を否認し続け、法廷では黙秘。最終陳述でも「身に覚えがない」と述べ、一貫して無罪を主張し続けた被告人に対し、数々の情況証拠を検討したうえで、求刑どおりの無期懲役判決を言い渡して。

京都地裁 上垣《うえがき》 猛《たけし》 裁判長
当時56歳 2006.5.12 ［説諭］

「遺体なき強盗殺人」と呼ばれた事件

2002年10月、当時52歳の会社員が行方不明になり、そのキャッシュカードで現金300万円を引き出したとして窃盗の容疑で逮捕されたのはリフォーム業の50歳男性。やがて容疑は強盗殺人に切り替えられます。ただ、この事件が他の強盗殺人事件と大きく違うのは、「被害者の遺体が見つかっていない」という点です。

被害者の車の中に焼けた肋骨《ろっこつ》の一部があり、そのDNAが被害者のものと一致したことから、検察官は被告人が遺体を焼却したと主張。しかし、弁護側は「DNA鑑定は骨に付いた血液を調べたもの。その骨片が被害者の身体の一部とは断定できない」と、真っ向から争ったのです。

黙秘権などという権利がなぜ認められるのか、疑問に思う人がいるかもしれませんが、これは裏を返せば、裁判制度が「そもそも被告人のしゃべる内容（自白）を疑ってかかっている」ということです。犯人が「やっていない」と自分をかばうのは人として自然な感情。だから被告人のウソは罪に問われないのです。また、捜査官から圧力をかけられ「やった」と言わされているケースも少なくありません。被告人が何もしゃべらなくてもウソをついていても、物的な証拠さえあれば、合理的・科学的に審理はできるはず、というわけです。

とはいえ「話を聞かずに裁くのは気分が悪い」というのも、やはり人として自然な感情。上垣判事の声は多くの裁判官の本音でしょう。

刑務所に入りたいのなら、
放火のような重大な犯罪でなくて、
窃盗とか他にも……。

捕まって刑務所に入ることを志願して、国の重要文化財である神社の拝殿に火をつけ、非現住建造物放火の罪に問われた男に対して。

静岡地裁 某陪席《ばいせき》裁判官
1993.3.10［質問］

裁判官が犯罪を指南?

上げ膳据え膳で、健康に配慮された食事が出てくるし、雨露をしのげる寝床もあり、医療費はタダ。生きにくい現代社会の中で、刑務所は考えようによってはパラダイスです。

刑事裁判を傍聴していると、「刑務所に入りたかったから」という弁解は、まったく珍しくありません。2006年8月には、茨城県のとある警察署に、あいついで2人の「服役志願者」が自首してきました。互いに面識も何もないのに、わずか30分差で偶然かぶってしまったのです。しかも「腹が減っていたので、捕まって食事をとりたかった」と、言い訳まで一致していたそうな。

そういった人たちは、犯罪そのものに切実な動機はなく、思いはその先にあるパラダイスに向かっていますから、それほど大ごとを起こしたりしないものです。もちろん、軽微な犯罪であっても、直接被害を受けた方々にとっては、たまったものではありませんが。

本件は、そういった服役志願者の行動パターンから外れていたために、裁判官もつい犯罪を勧めるかのような発言に至ってしまったのでしょう。裁判長も思わず「そう言いたくもなる」とフォローしたそうで、無理もありません。

なお、陪席裁判官については、96ページで説明しています。

生来気弱な性格で、刑事裁判にプレッシャーを感じていた。
ストレスで息苦しく、法廷でもイスから転げ落ちそうだった。
意志の弱さと心の貧しさで、
現実から逃避するようになっていった。

児童買春・児童ポルノ処罰法違反の容疑で逮捕・勾留中に、捜査官からの取り調べに答えた供述調書より。

村木保裕《やすひろ》裁判官
当時43歳 2001.5［その他］
→P.110

イスから転げ落ちそうだった裁判官

これは法廷における発言ではなく、逮捕された裁判官の供述という、レアなケース。

もともと村木元判事は「事実認定が緻密」で「酒席の付き合いもいい」と、周囲から高く評価されている人材でした。逮捕時の所属は東京高裁。同期の裁判官の異動状況とも比較しましたが、出世の早さはトップクラスです。

ただ、ずっと民事部への配属を希望していたにもかかわらず、現実は刑事事件ばかり。結果論ながら、こんな大ごとになるなら、早くに希望をかなえてあげればよかったですね。

東京高裁では1999年から、心理カウンセラーが週2回、裁判官や裁判所職員の相談に応じる態勢が整っていました。しかし、裁判官の利用はほとんどないようです。裁判官が他人を頼るのは、プライドが許さないのでしょうか。

「違う社会の面白さにハマった」と元判事。法律の世界にも面白さややりがいはあるはずですが、現実の裁判官は膨大な案件を抱え、六法全書とにらめっこする毎日。人としての広がりやゆとりをもって、事件と向き合う環境とは決して言えません。まずは法廷に花でも生けて、風や日光を採り入れるところから始めるべきではないでしょうか。私は裁判傍聴中に咳きこむことが多いのですが、法廷の空気って乾きすぎてますよ。

タクシー乗務員には、雲助まがいの者や、賭け事などで借財を抱えた者が、まま見受けられる。こうしたことは、顕著な事実と言ってよいかと思われる。

600万円以上の借金を抱えたタクシー運転手が、車内で眠り込んだ客を河川敷に連れていき、殺害して財布を奪った強盗殺人事件で、被害者に約9500万円の損害賠償を支払うよう、運転手（刑事裁判では無期懲役刑が確定）とタクシー会社に命じて。

京都地裁　山本和人《かずと》裁判官
当時38歳　1999.10.18［理由］

「寿司・蒲焼き」と一緒にするな

裁判官の気になる発言を集めた本である以上、この判決文に触れないわけにはいきません。「雲助」とは辞書によれば、江戸時代、宿場や街道で荷物の運搬や駕籠《かご》かきなどに従事した無宿者。客の弱みにつけこんで法外なカネを取るなど、悪事を働く者も多かったそうです。転じて、わざと遠回りの道を選んだりする悪質なタクシー運転手をそう呼ぶ場合があるようです。「顕著な事実」とは民事裁判で使われる法律用語で、いちいち証拠を出して証明する必要がないほど広く知られた、いわば当たり前のことをいいます。

これまでたとえば、戦後日本の人口密度の急増（最高裁1972／11／22）、日本語を母国語とする者にとって「R」と「L」の音の区別が難しいこと（東京高裁1999／11／16）、「寿司」と「うなぎの蒲焼き」が異なる食品であること（同12／16）などが「顕著な事実」とされています。

たまたま犯人がタクシー運転手だったことを、こんなことと同レベルで論じられたのでは、同業の皆さんはたまったものではありません。職業差別だとして批判が殺到したのも当然でしょう。

暴走族は、暴力団の少年部だ。
犬のうんこですら肥料になるのに、
君たちは何の役にも立たない産業廃棄物以下じゃないか。

暴走族メンバーだった15歳少年が、他のメンバーからリンチを受けて死亡した事件。非公開の少年審判の中で、担当の審判官（裁判官）から、そのような主旨の発言があったと、のちに加害少年の両親が、地方裁判所で証言した中で。
※本件は少年審判を終えた段階で、少年院送りなどの保護処分よりも刑事処分のほうが相当として、あらためて傷害致死容疑で水戸地裁に起訴されていた。

水戸家裁下妻支部　富永良朗《よしあき》審判官
当時52歳　2003.7.22［その他］

毒をもって毒を制する？

「裁判官失格だ」「よくぞ言ってくれた」……この発言に関しては、当時、賛否両論が真っぷたつに分かれました。産業廃棄物以下、すなわちリサイクル不能。少年審判の趣旨が、懲罰でなく少年の立ちなおりを見守ることにある以上、その趣旨にそぐわないと批判されても仕方ないかもしれません。

被害者の少年は、闇夜の中で約1時間にわたり殴る蹴るの集団暴行を受け、非業の死をとげました。しかも、特にメンバーの誰かに危害を加えたり、裏切ったりしたわけではなく、ただ、暴走族から足を洗おうとしただけなのです。

勇気を振りしぼって群れから抜けようとする人間を、群れなきゃ何もできない輩《やから》が、群れて袋だたきにする。卑怯なことこの上ない犯行に対し、富永判事は、批判を覚悟の上で、あえて毒をもって毒を制する発言に及んだのではないでしょうか。

手ばなしに褒めたたえる気はありませんが、タクシー運転手という合法な職業人を十把ひとからげに「けしからん連中だ」と決めつけた「雲助発言」とは志が違う、というのが私の感想です。

54

飲酒運転は、昨今、
非常にやかましく取り上げられており、
厳しく責任を問われる。
時節柄というか、そう簡単には済まされない。

業務上過失致死と道路交通法違反(酒気帯び運転)の罪に問われた被告人に、一審が言い渡した懲役1年の実刑を破棄し、あらためて懲役1年6カ月の実刑判決を言い渡して。

大阪高裁　白井万久《かずひさ》裁判長
当時64歳　2006.9.14［理由］

量刑相場と「時節柄」

この判決が下される直前の2006年8月、福岡市・海の中道で、飲酒運転・速度超過の車に追突された車が海へ転落し、幼い3人の命が奪われるというむごい事件が起きました。しかも被告人は、現場から逃げ去っただけでなく、直後にたくさんの水を飲んで、飲酒していたことを隠そうとしたようです。

新聞やテレビは連日この事件を大きく報道。「飲酒運転撲滅」の気運が高まったなかでの、この白井判事の発言は、ざっくばらんと言えばざっくばらんですが、憲法で定められた「司法権の独立」（→P138）に触れかねない、微妙で重たい問題をはらんでいます。

というのも、裁判官は、憲法と法律以外の何ものにも影響されることなく、自らの良心に基づいて判決を下すもの。なのに白井発言は、「時節柄」という名の「マスコミ論調」に影響されて量刑相場をハミ出したようにも受け取れます。たしかに量刑相場が国民の理解を得られないものになっているなら、そういった相場を打ち破るのも尊い判断ではあるのですが。

もうひとつ気になるのは、この判決の5年前に、判事ご自身が「量刑が動く」と題した意見文を大阪高裁の職員向け広報誌に寄せていることです。ここでは量刑の急激な変化は法的安定性を失わせ、特定の犯罪の厳罰化は刑罰体系のバランスを崩す、と警鐘を鳴らしています。

コラム

裁判官の一張羅

裁判官も普段はスーツ姿で勤務していますが、法廷では法服（法衣）をまといます。色は「黒」。公正な判断者として「何ものにも染まらない」という意味が込められているのだそうです。

それにしても、夏は暑そうです。露骨に扇子であおいでみたり、法服の襟元を持ってパタパタ動かすしぐさをする裁判官も見受けられます。法廷に「クールビズ」は当分ないようですね。

時代の流れの必然で、1991年には女性用の法服が導入されました。右前合わせで、左にポケットが付いているほか、「シャーベット・グリーン」のスカーフも用意されています。スカーフを付けるか付けないかはお任せですし、どんな付け方をするかも、個々のセンスに委ねられています。そこでささやかなオシャレを楽しんでくださいということでしょうか。

法服のサイズは、S・M・L・LLの4段階で、素材はシルク100%。お値段は1着「十数万円」で、最高裁判所が年に1回、新人裁判官のぶんを某老舗デパートに発注するのだそうです。

2009年からは、一般から選ばれた裁判員も法服を着用して審理に臨む方向で検討されています。われわれ庶民も、そのような高貴なお召し物に袖を通せるチャンスなのかと思いきや、近ごろは「ポリエステル製」に移行しているとのことです。

第3章

芸能人だって権力者だって

裁判官の前ではしおらしく

たとえ、鳥越被告が3割、3割5分打とうとも、
山田被告が15勝あげようとも関係ない。
社会人として、してはいけないことを忘れてしまうと、
グラウンドで活躍できなくなります。

1997年秋に発覚した、一連のプロ野球選手脱税事件(所得税法違反)。当時、中日ドラゴンズで現役で活躍していた、鳥越裕介選手、山田洋(博士)投手に、執行猶予つきの懲役刑と、罰金の実刑を言い渡して。

名古屋地裁 川原誠裁判長
当時57歳 1998.1.20［説諭］

ねらわれた契約金

1993年のプロ野球ドラフト会議から、大学・社会人のプロ志望選手が、1位か2位で指名された場合に、球団選択の自由（逆指名権）が与えられることになりました。そこで、有望な選手からの指名を獲得しようと、各球団は破格の契約金を積んで交渉に臨むようになったのです。

93年に明治大学から中日へ、ドラフト2位で入団した鳥越選手の契約金は推定7500万円。翌94年に同じく中日へ、1位で入った山田投手の契約金は推定で1億円でした。

同じ頃、彼らの先輩にあたる小森哲也選手は、自らの借金を解決しようと、坂本幸則という経営コンサルタント（懲役4年6カ月・罰金1億円の実刑）に相談。坂本は交換条件として、他のプロ野球選手を紹介するよう求め、結果的に21人の選手・コーチが脱税に手を染めたのです。実体のない「顧問料」の領収書を坂本が発行し、その代わりに、免れた所得税の一部を手数料として要求する。「脱税指南」の手口としては古典的です。

なお、小森選手は97年に球界を引退、脱税容疑については起訴猶予処分となり、裁判にはかけられませんでした。

「野球も人なり」という先人の言葉がある。
この言葉は、選手としてのプレーはもとより、
人間としての有り様を意味している。
これがなければ、
本当の意味でのフェアプレー、スポーツマンシップとは言えない。

1997年秋に発覚した、一連のプロ野球選手脱税事件（所得税法違反）。当時、横浜ベイスターズで現役で活躍していた、波留敏夫選手、川崎義文捕手、万永貴司選手に、執行猶予つきの懲役刑と、罰金の実刑を言い渡して。

名古屋地裁　佐藤學裁判長
当時55歳　1998.1.14［説諭］

元野球部員の裁判長

佐藤判事は、約2800万円を脱税した福岡ダイエーホークス（当時）の小久保裕紀選手、同2200万円の渡辺秀一投手にも有罪判決を言い渡しています。

「野球のテクニックだけ上手くても価値はない。その前に、人間社会の中に生きる一員として、何をどうすべきか考えなさい」という主旨のメッセージは、前の川原判事と共通していますね。

この裁判長、大学生時代に準硬式野球部で活躍されていました。同じ野球というスポーツに育てられた一人として、一連の脱税事件には心を痛められたことでしょう。

東北楽天ゴールデンイーグルスの野村克也監督も、過去にその「ボヤキ」の中で引用されたという「野球も人なり」。これに関しては、他にも「芸も人なり」「文も人なり」というふうに、いろんなバリエーションがあります。もともとは、唐の文人・韓愈《かんゆ》の言葉「彼も人なり、予《われ》も人なり」に由来し、そこから派生したもののようですね。

現在は裁判官の職を退き、法科大学院の教員として後進の指導にあたっておられる佐藤氏は、法曹としての原点・信念として胸に刻みこまれてきた「裁判も人なり」という言葉を応用した説諭だったと当時を振り返ります。

逮捕後から一貫して罪を認めた、
一流の格闘家らしい潔い態度は
評価するのにやぶさかではないが、
犯行の重大さを見ると実刑はやむを得ない、
と判断しました。

立ち技の総合格闘技イベント「K-1」を主催する興行会社「K-1」の脱税事件で、法人税法違反と証拠隠滅教唆《きょうさ》の罪に問われた、石井和義・元社長に対し、懲役1年10カ月の実刑判決を言い渡して。

東京地裁 飯田喜信裁判長
当時53歳 2004.1.14［説諭］

マイク・タイソンまで担ぎ出した「潔さ」

正道会館を興した石井館長が「一流の格闘家（空手家）」なのかどうか、私は不勉強で存じ上げないのですが、一流のイベント・プロデューサーであったことは確かです。

約3億円という脱税額も気になりますが、その発覚を恐れるあまり、元イトマン常務に頼んで、マイク・タイソン（元プロボクシング世界ヘビー級チャンピオン）がK−1出場契約を結んだかのように装う契約書まで作成してもらっています。それで架空の高額経費を計上して知らんぷり、と。なんて「潔い」態度なのでしょう。

あまりの潔さに、私の隠れた必殺技である「見えない左ハイキック」をお見舞いしたいところですが、代わって飯田裁判長が見事にやってくださいました。実刑判決という名の強烈な「ブーメランフック」。

館長は控訴し、東京高裁に再戦を要求しましたが、続く村上光鵄《こうし》裁判長（↓P158）も、一審の実刑を維持。

さらに2006年11月には最高裁に上告を棄却され、まさかの「3連敗」を喫してしまった館長。闘いの舞台は、法廷から刑務所へと移されています。

64

社会が今後、
あなたを受け入れるかどうかは、
あなた次第です。

麻薬・向精神薬取締法違反、大麻取締法違反の罪に問われた、俳優いしだ壱成（本名・星川一星）に対して、執行猶予つきの有罪判決を言い渡して。

大阪地裁　飯島健太郎裁判官
当時39歳　2001.11.2［説諭］

復帰先は、実力主義むき出しの芸能界

いしだ壱成……個人的には、ドラマ「ひとつ屋根の下」での熱演や、「花村大介」での若手弁護士役が印象に残ってますが、その記憶さえ今にも薄れようとしております。あんなに人気があったのに、犯罪歴とは、つくづく恐ろしいものです。

いしだ壱成の公式ホームページを覗いてみると、バンド活動や映画出演など、けっこう地道に仕事をしているようです。ただ、テレビやラジオの出演がなければ、世間の印象として「復活した」とは思ってくれないでしょうから、なかなか厳しいですね。

次に登場する「マッキー」のように鮮やかな復活をとげられればいいのですが、反省や改悛だけでは受け入れてもらえないのが、芸能界の容赦ないところ。まさにその人の実力次第です。

こんな発言も

「次に同じことをしたら、4、5年は服役して、刑務所で人生が終わってしまう」

覚せい剤取締法違反の罪に問われた、御歳84の被告人に対して。

（松江地裁　飯島健太郎裁判官）２００５／３／30

家族らの信頼を裏切ったが、
多くの人たちが更生を期待していることは、
じゅうぶんわかっていると思う。

覚せい剤取締法違反(所持)の罪に問われた、シンガー・ソングライターの槇原敬之(本名・槇原範之)に、執行猶予つきの有罪判決を言い渡して。

東京地裁 久保豊裁判官
当時43歳 1999.12.8［説諭］

「世界に一つだけの花」が生まれるまでに

私は、元ドリームズ・カム・トゥルーの西川隆宏（覚せい剤取締法違反の再犯）の公判を傍聴したことがあります。そこで出てきた話を総合すると「作曲したくてもできない、現状への不満が募った」ということのようでした。

では、作詞・作曲・編曲・実演をすべて単独でこなし、自己表現の環境が整っていた被告人「マッキー」を、いったい何が犯行に駆り立てたのでしょう。作品を創り続けるためには、自前の脳内ドーパミンだけでは足りず、いわば外から「補充」するしかなかったのか。あるいは、ヒットメーカーとしての見えない重圧から逃れたかったのか。

「槇原さんがこんなところにくるなんてビックリした。若くして成功して、苦労がない人だと思ってたから」とは、留置場で一緒になったという、同年代の男性の話です。公判では検察官から「あなたのCDを何枚か持ってます。聴くと元気が出ますよね」との発言もありました。

事件は彼にとって、人間の優しさや、誰かと協力することの大切さを知る貴重な経験となったのでしょうか。活動再開後も彼は数々の名曲を発表。そして彼が作詞・作曲し、SMAPが歌った「世界に一つだけの花」は、国民的な愛唱歌となりました。「僕が歌っていたら、こんなに売れなかった」と、今は言い切れる槇原敬之がいます。

今後、タレントとしての活動が、
社会的に大きな影響を持つことをじゅうぶん自覚し、
おごることなく、
謙虚に責任ある行動をとってほしい。

傷害の罪に問われた、タレント・ビートたけし(本名・北野武)に、執行猶予つきの有罪判決を言い渡して。

東京地裁　中山善房《よしふさ》裁判長
当時54歳　1987.6.10［説諭］

たけし軍団『フライデー』編集部襲撃事件

今や世界的に知られる映画監督にして、東京芸大の教授。容赦なくたたみかける往年の毒舌も鳴りを潜め、すっかり文化人の仲間入りをしたのかと思いきや、かぶりものを装着してテレビに出る芸人魂もまだまだ忘れません。ビートたけし。

講談社の写真週刊誌『フライデー』の記者は、当時被告人との仲が噂されていた21歳の女子専門学校生に取材を申し込みますが、けんもほろろに断られてしまいます。「このままでは帰れない」と思ったのか、次の瞬間、記者は彼女の右手をつかみ、路上にとまっていた車のボディに強引に身体を押しつけるなどして、全治2週間のケガを負わせたのでした。

それを聞いた被告人は激怒。軍団メンバー11人とともに、深夜の編集部に押しかけます。そして大声で怒鳴りながら、編集次長ら5人のスタッフを傘などで殴りつけたのです。人数が多くて誰が誰をケガさせたのか、なかなか事件の全貌がわからず、捜査は長期化しました。

1986年は写真週刊誌の全盛時代で、当時は5誌が競合していました。一方で、個人のプライバシーや肖像権に関する裁判例も、数えるほどしかないころでした。

時は移り、『フライデー』はまだ頑張っていますが、競合誌は次々と休刊。そして襲撃の場にいた軍団メンバーの一人は、宮崎県知事となりました。

70

多少厳しいことを言いましたが、
私は、犯罪をやめさせるのが仕事ですから。

大麻取締法違反(所持)の罪に問われた、元「いいとも青年隊」のタレント・イワンに対して、安易に薬物に手を出すクセを叱責し、大麻常用者の症状について説明した後に。

東京地裁 青柳勤裁判官
当時50歳 2006.9.13［質問］

さすがに「吸っていいとも!」とはいかず

ひょうひょうとした感じで、被告人に対して「あなたの罪は、どのくらいの刑になるか知っていますか」と尋ねることが多い青柳判事。ときには、法律の改正があったかどうか、記憶に自信がない場面もあるようで、ある道路交通法違反事件で、確認のため検察官に「最新版の六法、持ってます?」と聞いたこともあります。

被告人の「犯罪をやめさせる」ため、刑事裁判官にできることは限られています。まずは、重すぎもせず軽すぎもしない、適切な刑罰を言い渡すこと。「だが、他に何かできることはないだろうか」という思いから、青柳判事は被告人に向かい合って真摯に語り続けておられます。

私はこの裁判を、実際に傍聴していました。傍聴席に女性が多いのが印象的でした。

被告人は、当初は「大学生活と芸能活動の両立によるストレス」と動機を述べていましたが、逮捕時にはすでに大学を卒業し、フジテレビとの出演契約も切れていました。さらにうつ病にかかっていた、大麻で気分はよくならなかったと、言い訳ともつかない発言を続けようとするところを青柳判事は一喝。「24歳? 大人じゃないですか。教育も受けて、それなりに人気あるタレントをやってたわけでしょう」「あなた大丈夫? 繰り返す人は刑務所に行ってもらいますからね」との説教が続いた後に、右の発言を聞くことができました。

72

少ない額でも、きちんと納税している人をバカにした行為だ。

約9億8000万円を脱税し、相続税法違反の罪に問われた被告人に、懲役1年8カ月、罰金1億6000万円の実刑判決を言い渡して。

東京地裁　細田啓介裁判長
当時43歳　2006.1.11［説諭］

低額納税で悪かったですね

経団連（現・日本経団連）や新日本製鉄の会長を務めた斎藤英四郎氏が2002年4月に亡くなり、遺産である約22億6000万円が課税対象とされ、長男である被告人は、相続税約11億円を納めたんだそうです。なるほど、資産家ですねぇ。

ただ遺産はそれだけでなく、被告人は他人名義の貸し金庫に、さらに現金や割引金融債として約16億円を隠し持っていることが判明しました。割引金融債とは、利息分をあらかじめ額面金額から引いて発行される債券で、一部の銀行等の金融機関にて「ワリコー」などの名前で売られている金融商品です。無記名で、しかも口座を必要としないなど匿名性が高いため、脱税事件やマネー・ロンダリング（違法収集資金の洗浄）などに悪用されてきた経緯があります。

そんなに貯め込んで、いったい何をお買いになる気だったんでしょうかね。斎藤邸の周りをウロウロ歩いていたら、万札の二、三枚も落ちていそうな勢いです。

さて、この細田判事の説諭、前半の「少ない額でも」という部分が気になって、「少なくて悪かったな、余計なお世話だ」と毒づきたくなるのは、低額納税者のひがみでしょうか。

名古屋が「民主主義の後進地」ではないかと、
全国の人に思われるきっかけになった。
信頼を取り戻すよう社会で償ってください。

公職選挙法違反（買収・事前運動）の罪に問われた、前自民党衆議院議員・近藤浩に対して、執行猶予つきの有罪判決を言い渡して。

名古屋地裁　伊藤新一郎裁判長
当時56歳　2004.5.25［説諭］

愛する名古屋の名を汚されては……

民主主義の後進地……あまりにも痛烈な一言です。伊藤判事は、他の裁判官と同じように全国各地の裁判所を回っていらっしゃいますが、特に愛知県に3回、通算すると10年以上赴任しておられます。尾張名古屋に縁の深い一人として、ひとこと言わずにはいられなかったのでしょう。

被告人は自宅で、元秘書の運動員に現金100万円を渡し、そのうち40万円を元秘書の取り分として、残りを別の運動員3人に分け与えるよう指示したそうです。

被告人は、現金を渡したことは認めたのですが、「『鉢巻きとかジャンパー代で使ってくれ』と言って渡した」などと説明し、最初は容疑を否認していました。しかし、取り調べに応じるうちに犯行を認めるようになったようです。結局、被告人は初当選からわずか1カ月で衆議院議員のバッジを外すことになりました。

選挙カーのウグイス嬢や運転手などの「車上運動員」や、事前に届け出のあった事務員などは、1日1万円を上限として報酬を支払ってもよいことになっています。選挙ポスターを貼ったり、演説会に集まった有権者にあいさつするなど、直接の選挙活動をする運動員は、基本的にボランティアで活動しなければなりません。

76

本当に謝るべきは、県民に対してではないですか。

贈賄、競売入札妨害の罪に問われた、土木建設業の役員だった被告人が、「(現金を贈与した)県職員や、警察の皆さんに迷惑をかけた」と述べたことに対して。

甲府地裁　山本武久裁判官
当時57歳　2002.9.3［質問］

談合事件の被害者は誰?

公共工事を民間の土木建設業者に発注する場合、国や地方自治体、特殊法人などは、税金をムダに使わないよう、最も安く造ってくれるところにお願いしたいわけです。

そこで、建設業者は「ウチなら、こんなに安く造れますよ」と、自社に儲けが出るギリギリの線で値段を入札しあいます。その一方で、お役所サイドも、「これ以上は出せない」という秘密の「予定価格」を設けているのです。この予定価格を上回る値段で入札してしまった業者は、「そんなに税金使えんよ。高すぎるよ」ということで、無条件に候補から外され、サヨウナラとなります。

公共工事の入札に参加する建設業者だった被告人らは、この予定価格を知りたくてたまらず、役人側に働きかけ、予定価格を教えてくれた見返りに30万円を渡しました。さらに、建設業者同士で前もって打ち合わせたうえで、被告人の業者が予定価格の98・56%というスレスレの高い値段で落札した、というのが本件の一部始終です。

「談合は必要悪だ」という考えも根強いです。落札価格が安すぎて工事の質まで下がれば本末転倒ですから、一理あります。しかし、この期に及んで、およそ談合が犯罪だという意識に欠け、なぜ自分が裁かれているか理解していない被告人の発言を見ると、かばう気持ちも萎えてきますね。

そういう線引きができない人は、
公務員をやってはいけない。
「分かってもらいたい」と言っているということは、
いまだにそれが分かっていないということでしょう。

競売入札妨害の罪に問われた川越市の元助役・初野敬彦が、被告人質問で「後援者の頼みをむげに断れなかった事情などを、皆さんに分かってもらいたい」と話したことに対して。

さいたま地裁 山口裕之裁判官
当時48歳 2003.2.25［説諭］

「敏腕助役」の腕の振るいどころ

「小江戸」と呼ばれる、古き良き街並みが美しい川越市ですが、このような古い因習も深く根づいているとしたら、とても残念なことです。

被告人は、市長の後援会を通じて知り合った空調会社の社長に、学校給食センターのリフォーム工事にかかる金額と入札参加業者を教え、さらに落札しやすいようにと、建設課長に命じて、力を持っている大手の設備会社を除いた指名業者案を作らせるなど、サービス満点の癒着ぶりを見せていました。一方、社長のほうは、常日頃から、被告人と市長に対して、送迎つき、プレイ代全額負担の「ゴルフ接待」を怠っていなかったようです。

皮肉なことに、政府が川越市を「中核市（※人口30万以上で、福祉・衛生業務などを自前で行える都市）」に指定したのは、「中核市推進委員長」を務めていた被告人が逮捕された翌日でした。

最近では、自動車の「川越ナンバー」が新たに認められたことを受けて、舟橋功一・川越市長がテレビ局の取材に応え、満面の笑みで「知名度が全国区になる」と話しておられたのが印象的です。市長は選挙で無敵の強さを誇ってきたらしいのですが、それも片腕だった被告人による事前の根回しあってこそだったとか。

80

罪は万死に値する。

神奈川県警が組織ぐるみで、現職警部補による覚せい剤使用の事実を揉み消したとされる事件で、犯人隠避の罪などに問われた元県警本部長に、執行猶予つきの有罪判決を言い渡して。

横浜地裁 岩垂正起《いわだれまさおき》裁判長
当時59歳 2000.5.29［説諭］
→P.108

なのに執行猶予ですか?

犯罪行為をした疑いのある者を検挙する職責を負っている警察官が、犯罪行為を行った身内をかくまう。この「血迷った」としか言いようのない事件で、北は北海道から南は沖縄まで、「警察不信」の世論が一気にピークに達しました。

「被告人のみを責めることはできず、組織の体質自体も改善を求められるべき」という理由で、結果的に執行猶予をつけた岩垂裁判長。にもかかわらず、不自然なほど強い言葉で被告人を責めたてています。だって「万死」ですよ。1万回死ぬんですよ。毎日欠かさずに死んでも27年半かかります。

こうやって裁判官の言葉を集めていると感じるのですが、心情的には重い刑を言い渡したいのに、量刑相場がそれを許さないという「板ばさみ」に遭ったとき、担当裁判官は被告人に向けて、一段と痛烈な非難のメッセージを浴びせるような印象を受けます。それによって量刑の軽さとのバランスを取ろうとしているのでしょうか。

「鉄サビは、鉄より出でて鉄を滅ぼす」と昔から言う。
心のサビがはびこらないようにしてほしい。
名誉欲に身を焦がすことなく、
存在そのものの薫り高さから尊敬されるように。

千葉・成田市議会議長選をめぐる贈収賄事件で、市議会議長だった被告人に対して、執行猶予つきの有罪判決を言い渡して。

千葉地裁　小池洋吉裁判長
当時55歳　1999.5.14［説諭］
→P.34、174

お釈迦様のありがたい教え

小池裁判長が引用された格言、もともとお釈迦様の言葉だったようです。
「鉄より生まれし錆《さび》が、鉄を傷つくるごとく、人の悪《あ》しき業《ごう》は、己《おのれ》より生じて己を悪しき処《ところ》へと導く」（法句経《ほっくきょう》第18品《ほん》「塵垢《じんく》」240番）。もっと俗っぽく言えば、「身から出たサビ」。これぞ、数千年の時を超えて汚職政治家に向けられた、ありがたい教えであります。

この小池裁判長、新興宗教団体ライフスペース事件の項でも登場しています（↓P34）。被告人質問で、「グル高橋」の言い分を「それはあなたの思い込み」と断罪した後、判決公判では次のような説諭をしています。

「あなたには、六十数年の人生において、心のサビ、慢心が取り巻いています。高級ホテルなどに放蕩《ほうとう》せず、汗水たらして働きなさい。そして、その生涯をかけて罪を償いなさい。心のサビを洗い流しなさい」

なんだか、どっちが宗教家なのやら、わかんないですね。

コラム

「裁判官」と「判事」

厳密に言うと、「裁判官」は職業の名前ですが、「判事」は、裁判官の地位・役職の名前。つまり、判事でない裁判官がいるということです。

「判事補」という役職があります。裁判官になって10年に満たない方々のことです。なので、20代や30代の裁判官を「○○判事」と呼ぶと、間違いになる場合があるということですね。もちろん、判事補が「判事」と呼ばれて悪い気はしないでしょうけれど。

判事補は、原則として1人で裁判を行うことはできません。自動車教習所でいう「仮免許」みたいなものです。したがって、判事補にお目にかかれるのは、3人の裁判官で臨む「合議事件」の法廷です。

……とはいえ、5年以上のキャリアがある判事補のうち、最高裁が特に認めた者は「特例判事補」として、単独審理ができることになっています。しかも、「裁判官の数が足りない」という理由で、判事補のほぼ全員に、この「特例」が与えられているのが現状です。

第4章 被告人は無罪

「有罪率99・9%」なんかに負けない

今、ちょうど桜がよく咲いています。
これから先、どうなるかわかりませんが、
せめて今日一晩ぐらいは平穏な気持ちで、
桜を楽しまれたらいかがでしょうか。

日本歯科医師連盟（日歯連）から平成研究会（旧橋本派）へ渡された「1億円献金」の裏金化（領収書の不発行決定）に関与したとして、政治資金規正法違反（政治資金報告書の一部不記載）の罪に問われた、元内閣官房長官・村岡兼造に、無罪判決を言い渡して。

東京地裁　川口政明裁判長
当時54歳　2006.3.30［付言］
→P.36

「被告人は」の一言にどよめく法廷

生まれて初めて、私が目の当たりにした無罪判決です。いつもの有罪主文なら、出だしは「被告人を」となるわけですが、川口裁判長が声を張り上げて「被告人は」とおっしゃったとき、居合わせた全員がハッとしたように見えました。次の瞬間、無罪が宣告されると、「うおっ」という傍聴席からのどよめきに混じって拍手も起こり、バタバタと法廷の外に飛び出す記者も数人。私も、ちょっと興奮しましたね。

公訴事実とは別の3000万円について、「収支報告書に記載し忘れた」と、ヤミ献金処理を認めた被告人・村岡さんに対し、「1億円と比べると全然少ないが、そういう言い訳では済まない」と厳しく戒めたこともあった裁判長。ただ、この日はまるで雰囲気が違いました。

「今回の事件の関係でパソコンを覚えられ、最終陳述の書面もパソコンで作成されたとのことで。この先、これを使わなくてよければ、それに越したことはないと思います」……最後に川口裁判長が付言すると、村岡さんは深々と頭を下げておられました。

その夜、村岡さんはテレビ出演の後、3人の弁護人や息子たちと祝杯を挙げ、自宅への帰り道で、車の窓ごしに桜並木を眺めたそうです。本件は、検察側が控訴しています。

今年のゴールデンウィークは、
家族と平穏な気持ちで過ごしてください。

傷害の罪に問われ、いったん有罪判決を受けた男性の差し戻し審で、正当防衛を認定し、無罪を言い渡して。

甲府地裁　矢野直邦《なおくに》裁判官
当時34歳　2006.5.2［付言］

悪夢のゴールデンウィーク

2002年5月4日夕方、被告人は愛車に妻子を乗せて国道を走行中、いきなり改造オートバイ約20台に後ろからあおられました。被告人は車の速度を落とし、先に行くよう促しますが、やがて、バイクの群れに取り囲まれてしまいます。

うち、ひとりの男が運転席の横に回り込み、被告人の首をつかむなどしてきたため、被告人は車を発進させ、車体にしがみついた男を振り落としました。結果、その男に大ケガを負わせたとして検挙されたのです。

刑法36条は「急迫不正の侵害に対して、自己又は他人の権利を防衛するため、やむを得ずにした行為は、罰しない」として正当防衛を定めていますが、要件が厳しいため、実際の裁判で正当防衛が認められることは、あまりありません。

本件で最終的には、暴走族による「急迫不正の侵害」から家族を守るため「やむを得ずにした」と認められました。ただ、地裁(有罪　罰金20万円)→高裁(審理不十分で差し戻し)→地裁(今回の無罪判決)という経過をたどり、事件から4年の歳月を費やしています。

一方、暴走族の男らは被告人の家族に反撃し、車の窓ガラスも割ったのですが、不起訴処分、おとがめなしとなっています。

今回の件で刑事責任は問いませんが、
3人に重軽傷を負わせたのは事実です。
おわびの気持ちを持ち続けてほしいと思います。

乗用車を運転中に居眠りをしてしまい、対向車と衝突、3人にケガを負わせたとして業務上過失傷害の罪に問われた男性に、無罪判決を言い渡して。

大阪地裁　杉田宗久裁判官
当時48歳　2005.2.9［説諭］
→P.130

原因は「睡眠時無呼吸症候群」

2003年2月、山陽新幹線の営業運転中、運転士が約9分間、距離にして約31キロにわたり、居眠りをしていたことが発覚しました。「居眠りとは無責任だ」「自覚が足りない」という批判の声に、JR西日本は「誠に不細工な事態で、申し訳ない」と謝罪を繰り返しました。

一方で「運転士は通常の健康状態になかったのでは」との指摘もあり、調査を進めたところ、睡眠時無呼吸症候群（SAS）原因説が浮上したのです。

肥満ぎみの人は睡眠中に呼吸が突然止まることがあり、命の危険がある、という事実は知られていました。それだけでなく、そのような人はどんなに長く睡眠を取っても、疲れがなかなか取れないのだそうです。それで、昼間に何の前触れもなく睡魔に襲われることがあるといいます。そういったSASのもうひとつの症状は、当時、十分に認知されていませんでした。私自身もそのとき初めて知りましたし。

本件の被告人も専門家の鑑定により「中等症から重症のSAS」と認定されましたが、事故が起きたのは、JR西日本の騒動の半年前。なので、あらかじめSASの治療をしておくなど、居眠り運転を防ぐ行動を採るべきだったと責めきれない状況であり「過失なし」とされました。

今ならおそらく有罪ですよ。

痛ましい事故であり、深い同情を禁じえない。
誰も刑事上の責任を問われないことに、
素朴な疑問が生じることは容易に想像できる。
金月美帆さんのご冥福を心からお祈りします。

2001年末、兵庫県明石市の人工海浜が陥没し、生き埋めになった女児1名が死亡した事故で、業務上過失致死の罪に問われた、当時の国土交通省・姫路河川国道事務所工務1課長、同東播海岸出張所所長、明石市土木部参事、同海岸治水課長の4名に、禁錮1年の求刑をしりぞけ、「市には海浜の管理責任があり、陥没の存在も認識していたが、人が飲みこまれるほどの大陥没が起こることは想定できず、個人責任は問えない」として無罪判決を言い渡して。

神戸地裁 佐堅《さの》哲生裁判長
当時55歳 2006.7.7［付言］

目の前の砂浜がいきなり陥没

「美帆！　美帆！」。あっという間に目の前で砂浜の奥底へ吸いこまれていく娘の名を叫びながら、父親は必死になって両手で乾いた砂をかき出しました。レスキュー隊が到着するまでの間に、約70センチを掘り下げていたそうです。

美帆ちゃんは事故から5カ月後、低酸素性虚血性脳障害により、わずか5年の生涯を閉じます。事故現場となった人工海浜「大蔵海岸」の近くでは、同年夏の花火大会で、死者11名を出した将棋倒し事故が起こったばかりでした。

事故原因につき「大蔵海岸陥没事故調査小委員会」は、堤防の下に埋めこまれたゴム製の「U字型防砂板」に亀裂ができていて、そこから砂が流れ出た可能性を指摘。そして「この亀裂は、波などで繰り返し動かされた砂によって磨耗した結果できた」と結論づけて、U字型防砂板を波打ちぎわに埋めこまないよう報告しました。ただ、大蔵海岸では2006年にも陥没が見つかっています。しっかり対策を採っていただきたいものです。

本件では、国や市が遺族に約8800万円を支払うことで民事上の和解が成立していました。しかし、誰も刑事責任が問われなかったことで、ご遺族の心にはより深い傷が刻まれたのではないでしょうか。

被害を受けたと申告した女子高生を、
恨まないようにしてください。

強制わいせつの罪に問われた被告人に対する判決公判で、「被害者証言の裏付け捜査が不十分」として、無罪判決を言い渡して。

大阪地裁　山田耕司裁判官
当時38歳　2000.10.19［説諭］

憎まれるべきは真犯人

朝の通勤電車に響く「チカン！」の一声。乗客からの冷ややかな視線を浴びながら、専門学校の教員だった42歳の男性は女子高生に腕をつかまれ、駅のホームで警官隊に現行犯逮捕されます。しかし、彼は起訴された後も、一貫して無実を主張しつづけました。

ただ、「私がやりました」とすぐに犯行を認めるような痴漢など、ほとんどいません。それもあって、捜査官は最初から「クロ」という色メガネごしに被疑者を見てしまいがちです。

一方で、女子高生の供述は二転三転します。「胸を触られていた」から手をつかんだのが、「おしりを触られていた」と変わり、「胸を触られていたとき、被告人のブルゾンの袖にあった刺繍《ししゅう》を見た」と言っていたのが、「服装は憶えていない」と変わりました。また、つかんだ手がいったん振りほどかれたことも明らかになり、山田判事は「身体の後ろにある手の動きを目で追うのは難しく、人違いをした可能性もある」と認定したのです。

大都市圏の鉄道に女性専用車両が導入されても、「痴漢」も「痴漢冤罪《えんざい》」も、なかなか減らない現状がありますね。そのうち、白黒ハッキリ付けるために電車の車両にも防犯カメラが設置される時代が来るのでしょうか。いや、実はもう設置されていたりして。

コラム

陪席裁判官

一定の重大な事件について審理する合議法廷では、法壇の中央に、酸いも甘いも嚙み分けるベテランの裁判長（部総括判事）が座り、その両脇に2人の裁判官が陣取っています。陪席裁判官です。「右《みぎ》陪席」「左《ひだり》陪席」と呼びますが、これは傍聴席からでなく、裁判官の側から見て「右」「左」ということです。裁判官中心で考えるのは、法廷は「お上」が「下々」を裁く場、という時代の名ごりでしょうね。

向かって右側の左陪席には、裁判官になって5年以内のフレッシュな判事補が、左側の右陪席には、それ以上のキャリアがある中堅裁判官が座ります。そして、判決文の案は若手の左陪席が書くことになっています。合議事件の主任は、裁判長でなく左陪席裁判官なのです。裁判官に限らず法曹は、新米の頃からベテランと対等に扱われる職業です。

一方で、あまり大きな声では言えませんが、右陪席の裁判官は事件の内容を細かく把握しておられない場合があります。被告人や証人に質問を積極的に投げかけるのは裁判長や左陪席ばかりで、右陪席は黙りこくって虚空を眺めているように見えることも多いです。右陪席裁判官には、書証を読み込み過ぎず、経験や勘にも頼り過ぎず、一歩引いた大局的な視点から事件を見渡していく役割が、求められているとされるのですが。

第5章

反省文を出しなさい！

下手な言い訳はすぐバレる

ここは、あなたが裁かれる場だ。
口では反省しているというが、
本当に反省した態度が見られない。
次回公判までに反省文を提出しなさい。

建造物損壊の罪に問われた男の初公判。二日酔い状態で出廷してきた被告人に対し、見かねた裁判官が一喝して。

青森地裁 渡邉英敬裁判官
当時46歳 2006.7.11［質問］

帰って来たヨッパライ

昼間に酔っぱらった状態で、よりによって青森地裁の正面玄関のガラスを叩き割ったという事件です。

すぐに逮捕され、警察署へ連れていかれた彼は、ほどなく今度は被告人として、再び酒くささを振りまきながら裁判所へ戻ってまいりました。

証言台で被告人質問を受けている最中にも、ニヤニヤ笑ってポケットに手を入れるなど、傍若無人に振る舞う56歳のオッサン。渡邉裁判官から「犯行を繰り返さないため、どうすべきと思いますか」と尋ねられると、「節酒はするが、酒をやめようとは思いません」と、ほろ酔い加減で言い放ちました。やめようと思わない、というより、やめられないのかもしれませんが。

弁護側の戦略として、刑を軽くしてもらうため、被告人の書いた反省文・謝罪文を証拠として裁判所に提出する、というのは手堅い手段です。ただ、裁判所のほうから反省文の提出を求めてくるというのは聞いたことがありませんね。図書館の奥から青森の新聞「陸奥新報」を出してもらって、さらに調べてみましたが、続報は載っていませんでした。残念。

あなたは獣の道に踏み込んだ。
人間である以上、
早く人の道に戻って出なおしなさい。

自宅で、妻の留守中、当時13歳と14歳の養女を、しつけと称して暴力や暴言により従属させ、抵抗されないことを知りながら、それぞれに性的虐待を加えたとして、準強姦の罪に問われた男に懲役9年の実刑判決を言い渡して。

札幌地裁　遠藤和正裁判長
当時56歳　2005.12.27［説諭］
→P.152、166

獣は、こんなひどいことしませんがね

性犯罪において、検察官が論告で被告人を責めたてる常套文句に「人面獣心の所業」というものがあります。たしかにインパクトのある表現です。見た目は人間だが心はケダモノ、本能むき出しで身勝手きわまりない、という主張ですね。

遠藤判事の頭にもこのフレーズがあったのでしょう。しかし「獣の道から、早く人の道に戻ってきなさい」という呼びかけは、「人面獣心」と責めたてるより、ずっと被告人の心に響くような気がします。

ただ、仮にこの男が「獣心」を持っていたとしたら、ここまで残忍な犯行に及ぶことができたでしょうか。私が幼い頃、今は亡き祖母は「この世で一番恐ろしいのは人間。だから、鬼は人間の顔をしてるんだ」と言っていました。言葉も道具も使える人間が、結局は最もえげつなくて残酷なことをするんです。

なお、女性が抵抗できない状況に乗じて、犯行に及ぶ準強姦罪は、「準」とは付いてますが、法定刑は強姦罪と同じ、最高で懲役20年となっています。

仕事が忙しいのは当たり前でしょう。
そんな言い訳が通ると思っているのか。

娘(1歳7カ月)を虐待した末に死に至らせたとして、傷害致死の罪に問われた母親の第2回公判で、父親が証人として出廷。「もっと子どもの様子を見たり、妻の悩みを聞いたりすればよかったが、仕事が忙しかった」と弁解したことに対し。

東京地裁八王子支部 岡村稔裁判長
当時58歳 2002.1.23［質問］
→P.142

多忙な裁判官が言うと、ものすごい説得力

裁判官1人が1年間に新たに受け持つ裁判の件数を単純に平均すると、約129件（2004年）と出ます。都市部の裁判官は、常に300件以上の事件を抱えた状態だといい、これが最高裁の判事になると、手持ちの事件が数千件とか、そういうオーダーになります。判決や和解で10件を済ませたと思ったら、また新たに15件抱え……。裁判の現場は、そんな息つく暇もない壮絶な世界です。

被告人は「たびたび夫から暴行を受けていて、ストレスのはけ口として虐待に走ってしまった」とも話しているようです。夫が社会から家庭に持ち帰ってきたストレスが、めぐりめぐって娘を死なせてしまう。いわば「ストレスのババ抜き」による犠牲者というべきでしょうか。かつて、ストレスが女をダメにし、地球をダメにしてしまうと唄った森高千里は偉大ですね。

地元の児童相談所は、いったん女児を乳児院に保護していました。しかし、「母親からの虐待がある」と断定するところまではいかず、被告人からの求めに応じ、保育園に通園させるのを条件に自宅に戻すことを認めたのです。不幸な事件はその3カ月後に起きました。

立ち直らないといけないのは、あなたでしょう。
国語の先生だったのに言葉を選べないのか。

女子中学生の身体に触るなどし、強制わいせつの罪に問われた元中学校教諭が、弁護人から反省の気持ちを尋ねられ、「被害者がどうしたら立ち直れるか考えたい」と答えたことに対し。

富山地裁　手《て》崎《さき》政《まさ》人《と》裁判官
当時46歳　2004.4.21［質問］
→P.202

「反省」の意味がわからない国語教師

被害を受けた生徒は、被告人の教え子ではなかったようです。被害生徒は、その友達の中学生のことで「相談がある」と被告人に呼び出され、某レジャー施設の駐車場に停めてあった自動車内で、いきなり襲われました。信頼していた教師に裏切られたショックに打ちのめされながら、彼女は必死に抵抗します。

ふと我に返った被告人は、自分で呼び出したくせに「家まで送る」などと恩を着せ、犯行を口止め。事件が表ざたになると、女子生徒の自宅の前で「ドア開けろ、ばらしてんじゃねぇ!」と怒鳴り散らしたんだそうです。こんなチンピラが、どうして教師になれたのか。不思議です。

ちなみに手崎判事は、ある保育士に向けても、法廷で説教なさったことがあります。

こんな発言も

「子供が2、3歳になれば、泥棒はダメだと教える。そう教える立場の保育士が泥棒やったらシャレにならんでしょう。あきれた事件だ」

勤めていた保育園で、同僚のキャッシュカードを盗んだ元保育士に向けて。

(富山地裁　手崎政人裁判官)２００５／８／10

嘆願書がある人とない人で、
刑に差を付けていいと思いますか。
あなたはやったことで判断される。
そこが裁判所のキツいところ。

大麻取締法違反（密売）の罪に問われた被告人について、寛大な処分を求める嘆願書305名分が弁護側から情状証拠として提出されて。

福岡地裁　平島正道裁判官
当時42歳　2005.7.27［質問］

知人300人を動員しても……

嘆願書とは、担当裁判官にあてて、判決内容への願いを書いた書面です。特に決まった形式はありませんが、被告人の親族や事件の被害者が書いた減刑嘆願書（まれに厳罰嘆願書）でないと、たいていは裁判官からかなり冷たい扱いを受けます。被告人の人柄を知らない、ときによっては面識すらない赤の他人が、嘆願書に名前だけ寄せ書きする場合もあるからです。

2002年、のら猫の虐待画像をインターネット上に載せ、動物愛護法違反の罪で男が検挙された事件がありました。あのときは全国の動物愛好家から「実刑を求める嘆願書」なるものが殺到したらしいです。あの裁判も福岡地裁でしたね。

こんな発言も

「いかなる立派な人でも、たとえば万引きすれば関係なく罪に問われます。人ではなく、行為を裁くのです」

強制わいせつの罪に問われた、「ホークスタウン」前社長の高塚猛被告人につき、知人からの嘆願書30通が情状証拠として提出されて。

（福岡地裁　谷敏行裁判長）　2005／6／23

求刑も判決も、決して重い刑とはいえません。

殺人の罪に問われた被告人に対し、一審が言い渡した懲役15年を破棄し、あらためて懲役18年の実刑(求刑・懲役20年)を言い渡して。

福岡高裁宮崎支部 岩垂正起裁判長
当時62歳 2002.10.3［説諭］

→P.80

極刑を願う遺族を代弁し……

マンションの自室で18歳の女性が絞殺遺体で発見された事件で、殺人の疑いで逮捕・起訴されたのは、同じ階に住む25歳の男。女性に一目惚れしていた男は、事件当日「クーラーのリモコンを貸して」という、自然か不自然かよくわからない理由で彼女の部屋を訪れています。

そしてリモコンを返す口実で、再び部屋を訪ねてきた男。受け取って、すぐにドアを閉めようとした女性。そりゃそうです。用は済んだのですから。しかし、次の瞬間、男はとっさに右足をドアの隙間に挟むという、今どき押し売りでもやらない住居侵入行為に及んだのです。そして、玄関で悲鳴を上げた女性の首を絞め、その希望ある未来を奪い去りました。男は、この被害女性の名前すら知らなかったそうです。

この男、某ファーストフード店の店長を務めていましたが、お客さんの忘れ物であるセカンドバッグを事務所の金庫に保管中、そのバッグから現金約9万円と預金通帳を抜き取って着服したとして、業務上横領の疑いでも捜査されていました。

この岩垂判事の言及は、遺族となったご両親の「できることなら極刑にしてほしい」という気持ちに配慮し、被告人にその罪の深さを気づかせようとしたものでした。

言葉は悪いが、単なるロリコン、
単なるスケベおやじだったのではないか。
日本の司法の歴史の中で、
とんでもないことをしたというのは分かってますな。

児童買春・児童ポルノ処罰法違反の罪に問われた、東京高裁の現役裁判官（当時）村木保裕に対する被告人質問で。

東京地裁　山室惠裁判長
当時53歳　2001.7.23［質問］
→P.5、190

よりによってこんな事件で身内を裁くとは

「刑事裁判にプレッシャーを感じていた」と供述していた村木元判事の裁判です(↓P48)。

土曜日の昼下がり。14歳の少女から電話で呼び出され、JR川崎駅に普段着で出かけていった被告人。そこへ近づいてきたのは張り込み中の警視庁捜査員で、彼のウキウキ気分は一気に吹き飛びます。少女はすでに警察署で保護されており、その供述や通話記録から、被告人の容疑が浮上していたのです。

署への任意同行を求められると、「助けてくれ。警察を呼んでくれ!」と被告人がわめき出したので、緊急逮捕に切り替えました。しかし、取り調べで職業を明かされ、驚いたのは署員のほう。半信半疑で、書類には「自称裁判官」と記録していたほどです。

伝言サービスに「小遣いをあげるので友達になりましょう」などと吹き込み、年端もいかぬ少女と会っていた被告人。33歳の会社員と称し、偽名も使っています。刑事裁判官なら、こういう手口は日々の職務で嫌というほど知り尽くしていたのでしょう。

「まさかこんな事件で、裁判官を裁くとは思ってなかったよ」と、12期後輩の被告人に向けてつぶやいた山室判事。しかし、裁判官を罷免《ひめん》されることが確実で、実刑にするのは総合的にみてバランスを欠くとして、判決では懲役刑に執行猶予がつけられました。

誰が司法試験で差別しますか。
人のせいにばかりしないで、
医師の指導を受けながら立ち直りを図ってください。

脅迫と建造物損壊の罪に問われた、
妄想性人格障害で通院中の被告人
に対し、保護観察つきの執行猶予
とする有罪判決を言い渡して。

東京高裁 高木俊夫裁判長
当時64歳 2001.7.10［説諭］

「司法浪人の35歳逮捕」

1998年4月16日の参議院法務委員会では、「司法試験の長期受験者」が議題に取り上げられました。当時の全受験者2万3592人のうち、15年以上チャレンジを続けている「ベテラン受験者」が、じつに2707人もいるというのです。

そこで、法務省の但木敬一官房長（2007年現在は検事総長）は「人生を空費してしまわないよう、受験を続けるべきかどうか、有用な情報を提供する」と約束しました。ベテラン受験者にとっては、事実上「受験をやめなさい」という勧告でした。

官房長の自宅窓に矢が撃ちこまれる事件が発生したのは、その1年後。最初は、通信傍受法案に反対する人々による襲撃が疑われましたが、やがて被疑者は検挙され、「司法浪人の35歳逮捕」と物珍しく報道されました。「いつから『司法浪人』は一般名詞になったんだろう」と、当時、司法浪人をやっていた私は悲しくなったものです。

司法浪人は、経済的・時間的資源を食いつぶすだけで、社会的には何も生み出していない存在です。その後ろめたさと将来への不安から、精神を害してしまうケースもあります。被告人をかばうつもりはありません。でもあえて言わせてもらえば、夢を「あきらめない」ことなんか簡単、「あきらめる」ほうが数段キツいものです。

コラム

評議は「秘密」で「全員一致」

合議法廷での判決は裁判官全員一致の結論として言い渡されます。裁判官が3人寄れば、誰か1人が少数意見を出すこともあるでしょう。ときには3人バラバラかもしれません。それでも、議論を尽くしてひとつの意見にまとめる必要があります。どうしてもまとまらなければ多数決です。3人バラバラなら、中間の意見が採用されます。

ただし、評議で意見が割れたなんてことは、公には一切明かされません。評議の内容は非公開。裏でどれだけ揉めたとしても、まるで何もなかったような顔をして、裁判長は「全員一致」の結論として判決を言い渡さなければならないのです（なお、国民審査の対象である最高裁判所の裁判官だけは、個別の反対意見や補足意見などが公表されます）。

判決内容に反対しているのに、多数決で強引に押し切られた裁判官は、せめてもの抵抗の意味で、判決文に自分のハンコを逆さに押すらしい……なんてことが、まことしやかに噂されることもありますが、あくまで都市伝説の類であって、実際にそのようなことはないそうです。

最近では、退官後などにマスコミのインタビューや著作の中などで、「判決文に込めた思い」や「裁判の感想」などを述べる裁判官も増えてきました。しかし、誰が反対意見を出したのか、誰の意見が最終的に採用されたのか……といった事実については、けっして語られません。全ての裁判官が墓場まで持っていく「秘密」なのです。

第6章 泣かせますね、裁判長

法廷は人生道場

私も中学時代、いじめに遭い、
誰も口をきいてくれずに、つらい思いをした。
ですが、我慢して少しでも人の役に立とうと頑張ってきました。
あなたもつらいと思うが、
厳しく自分を律してやり直してください。

公然わいせつの罪に問われた陸上自衛官の被告人が「学生時代からいじめに遭い、自衛隊でも人間関係がうまくいかずストレスがたまっていた」と、犯行動機を打ち明けた被告人質問中に。

青森地裁　室橋雅仁《むろはしまさひと》裁判官
当時41歳　2006.11.29［質問］
→P.120

裁判官が「いじめ体験」を告白

ちょうど、いじめを原因とする小中学生の自殺が相次ぎ、公的機関に自殺を予告する手紙が送り付けられるなど、日本中がいじめ問題への対応に追われていたときのことです。

被告人は43歳の現役自衛官。同じ公然わいせつの罪で、過去に2度の罰金刑を受けています。取り調べに対しては最初、犯行を否認していたようですが、やがて「ストレス解消のためだった」として、自白するに至りました。その程度の理由で、いきなり路上で男の下半身を見せられた女性たちはたまりませんね。

彼としては、情状面で有利になることを期待して「いじめ」の過去を告白したのでしょうが、まさか裁判官もいじめに遭ったことがあるとは思わなかったはずです。かえって逆効果になってしまいました。

その場では被告人を優しく諭した室橋裁判官ですが、2週間後に開かれた判決公判では、「自分の欲求を満たすためだけの短絡的な動機。規範意識が欠如しており酌量の余地はない」と厳しく断じ、懲役4カ月（3年間の執行猶予）の有罪を言い渡しました。

この判決が確定していれば、自衛隊法の規定に基づいて自衛官の職を失うことになります。次の職場でも、人間関係でストレスをためこまなければいいのですが……。

今、この場で子どもを抱きなさい。
わが子の顔を見て、
二度と覚せい剤を使わないと誓えますか。

覚せい剤取締法違反(使用)の罪に
問われた被告人に向かって。

釧路地裁帯広支部　渡邉和義裁判官
当時35歳　1996.夏［質問］

赤ん坊を被告人席に呼び寄せる

公判中、被告人はしきりに、傍聴席にいた妻と長男の方を気にしていたそうです。その様子を見た渡邉裁判官は、被告人にとって、今、一番大事なのは子どもの存在なのだと直感したのだといいます。そこで、廷吏《ていり》（裁判所事務官）に指示して、法廷の外から、妻とその腕に抱かれた生後6カ月の赤ん坊を呼び寄せました。そのとき妻は、むずかり始めた赤ん坊をあやすため、傍聴席を立って廊下に出ていたのです。

すでに号泣している妻に、裁判官は「前へ来てください」と指示し、被告人の隣へ立たせます。被告人が、わが子を間近で見るのは1カ月ぶりのこと。腕の中で以前より息子が大きくなったのを感じたのでしょう。彼はその場に泣き崩れ、動けなくなりました。

裁判官（裁判長）には、担当する公判の流れを取り仕切る「訴訟指揮権」があります。たとえば、被告人と情状証人の親とが法廷で対話をする機会を裁判官が与える場面なら、たまに見かけますけれども、本件のような対応は珍しいです。

渡邉判事は新聞記者の取材に答えて当時を振り返り、「前例もなく勇気がいることだったが、あの頃は怖いもの知らずだった」と、苦笑いをしながら話しておられます。

この時期に、
あなたを見ていて思い出した小説があります。
チャールズ・ディケンズの
「クリスマス・キャロル」を知っていますか。

登録せずに金銭を貸し付ける業務を営んだとして、貸金業規制法違反の罪に問われた被告人に対し、有罪判決を言い渡して。

青森地裁 室橋雅仁裁判官
当時40歳 2005.12.22［説諭］
→P.116

裁判官からのクリスマス・プレゼント?

被告人は、生活保護を受給していた70歳過ぎのお年寄りに10万円を貸しつけ、しかも、役所から生活保護費が振りこまれる預金通帳を預かって、返済が滞らないようにしていたといいます。なるほど。えげつないですね。

「クリスマス・キャロル」は、スクルージという悪徳商人が主人公の話です。

「取立てが厳しく、町の人々に嫌われていた主人公が、クリスマスの夜、これまでの悪行にさいなまれる夢を見た。彼は、これまで儲けた金を社会に還元し、人々に慕われるようになった。あなたも心を入れ替えて、孫からも立派なおじいさんと言われるように頑張ってください」

29歳で司法試験に最終合格し、裁判官業界の中では遅咲きグループに入る室橋判事。この判決言い渡しが12月22日に開かれたのも、人生の機微を知った室橋判事ならではの演出ではないかと勘ぐりたくなります。本当はクリスマスの日に合わせたかったのでしょうか。残念ながら、この年の12月25日は日曜日でした。

傘の先端が尖《とが》っている必要があるのかどうか、
皆さんも考えてみてください。

ある傷害致死事件の控訴審。被告人に執行猶予つきの有罪判決を言い渡した後、傍聴席に顔を向けて。

広島高裁　久保眞人《まさと》裁判長
当時58歳　2002.12.24［閉廷後］

思いがけない問題提起

事件は白昼の路上、タクシー運転手だった被告人が、同僚とケンカになったことで起きました。相手につかみかかられそうになったのを、持っていた傘で防ごうとして振り上げたところ、運悪く傘の先が同僚の左目に刺さり、やがて彼は命を落としてしまいます。

そのころ広島県では、同じような事件が他に1件起きていました。「再発を防ぎたい」との願いが、裁判長による異例の言及となったのでしょう。

全国の傘メーカー62社が加盟する、日本洋傘振興会の「品質基準」では、傘の先端は「平たんで、表面積は20平方ミリメートル以上あり、鋭利でないこと」とされます。少し計算してみましたら、面積20平方ミリの円の直径は約5ミリ。鋭利ではないかもしれませんが、そんな先端の傘で突つかれたら、やっぱり危ないですよね。

しかも、国内で売られている年間1億本以上の傘のほとんどは、振興会に加盟していないメーカーの製品や海外からの輸入品。久保裁判長の願いも空しく、傘の安全性は、しっかり自分の目で見極めなければならないようです。

中国は歴史のある素晴らしい国。
私は、若い人にとても親切にしてもらった思い出があります。

出入国管理及び難民認定法違反（密入国）の罪に問われた被告人に対する質問の中で。

福岡地裁　吉田京子裁判官
当時42歳　1994.7.28［質問］

裁判官直々に、正しい出入国のやり方をガイド

中国人109人がパスポートを持たずに、名前もわからぬ船に乗って集団密航、福岡市の埠頭に上陸してきた事件で、メンバー最年長の45歳男性につき審理された場面です。男が契約した相手はいわゆる「蛇頭」(中国の密航組織)だったのですが、男は「契約相手が正規の手続きを取ってくれるものと思った」と述べ、「私はだまされた。違法性の認識がなかった」として無罪を主張しました。

そこで判事は、ご自身が北京や西安を観光旅行したときの話と並行して、パスポートを申請し、入国管理局でハンコを押してもらう手続きを、丁寧に嚙み砕いて説明されました。もしかしたら、被告人に最初から犯意があったことを見ぬいておられたのかも。

こんな発言も

「ほら、たくさんの人が応援してくれてるよ」

兄弟ゲンカが高じたあげくに兄を刺殺した、15歳の少年の審判。同級生らの「一緒に卒業しよう」「ずっと友達やけん」などの寄せ書きが、情状証拠として提出されて。

(福岡家裁　吉田京子審判官)2005/8/5

本件で裁かれているのは被告人だけではなく、
介護保険や生活保護行政の在り方も問われている。
こうして事件に発展した以上は、
どう対応すべきだったかを、
行政の関係者は考えなおす余地がある。

実母との心中を決行し、自らは生き残ったために承諾殺人の罪に問われた被告人に、「献身的な介護で尽くした息子を、母親は恨んでいない」として、執行猶予つきの有罪判決を言い渡して。

京都地裁　東尾龍一裁判官
当時54歳　2006.7.21［付言］

検察官まで同情した悲劇

京都市内の木造アパートに両親と3人で暮らしていた被告人。父の死後、母に認知症の症状が現れ、最初はデイケアを利用して働きながら介護をしていたのですが、母の症状が進み、昼夜逆転の生活を余儀なくされたため、退職して介護に専念することを決意しました。

生活保護を申請しようと福祉事務所を訪れましたが、失業保険を受けていたため認められず、職員から返ってきたのは「働いてください」との言葉。2004年度には生活保護の不正受給が約62億円超にものぼっており、申請に対して警戒を強めている事情は理解できます。とはいえ、失業保険が切れれば生活保護は認められる、とのアドバイスすらなかったのは、対応が冷たすぎたと批判されても仕方のないところでしょう。

家賃やデイケアの料金も支払えなくなり「人に金を借りず、迷惑かけずに生きろ」という父の言葉を思い出した被告人は、車椅子の母親を押して京都の街を散策した後、桂川のほとりで「もう生きられへんのやで。すまんな」と、母子心中を決行したのです。

「私の手は、母を殺《あや》めるための手だったのか」……被告人が法廷に残した言葉です。検察官の論告にまで「哀切《あいせつ》極まり同情の余地がある」と加えられた、珍しい雰囲気の裁判になりました。

いい息子さんとお嫁さんなんだから、
ふたりの面目をつぶすようなことは、
二度としてはいけないよ。

入水心中を図った老夫婦のうち、車椅子の妻（当時80歳）のみが死亡した事件。承諾殺人の罪に問われた84歳の夫に対し、執行猶予つきの有罪判決を言い渡した後、50歳の息子を法廷内に呼び寄せ、握手をさせて。

佐賀地裁　坂主《さかぬし》 勉《つとむ》 裁判長
当時54歳　2002.9.12［説諭］

「老老介護」の心境を察して

リウマチで手足が不自由となった被告人の妻は、要介護認定で、5段階で2番目に重い「要介護4」と判定されました。そのため、治療を受けていた病院を退院し、1日5回の介護ヘルパーによるサービス、週1回の病院のデイケアサービスを利用しながらの、在宅介護が始まったのです。

介護保険を利用しているとはいえ、自己負担額は月30万円超。夫婦の貯金を切り崩し、息子からの仕送りもあてていました。また、介護する夫のほうも難聴で、しかも足腰が弱ってきており、こうした身体・経済面の心細さが、先行きの不安につながったのでしょう。

犯行の3日前、痛みに苦しむ妻を見かねて「一緒に死のうか」と持ちかけた被告人。すると妻が「しょんなかね（仕方がないね）」と応じたことから、彼は心中を決意したようです。当夜、仏壇の前で互いの手に数珠をかけ、別れの杯を交わした後、自宅近くの堤防の上から、妻の車椅子もろとも川へ飛び込みました。

被告人には「死にそこなった」という無念の思いがあったことでしょう。その心境を察した坂主判事は、「奥さんは、あなたに追ってきてほしいとは思っていません。冥福を祈りながら静かに余生を送ってください」と、声をかけられました。

もうやったらあかんで。
がんばりや。

窃盗の罪に問われた被告人に、執行猶予・保護観察つきの有罪判決を言い渡しての、閉廷後の出来事。被告人が退廷するときに、一段高い裁判官席から身を乗り出し、被告人の手を握りながら。

大阪地裁　杉田宗久裁判官
当時47歳　2003.10.29［閉廷後］
→P.90

そのとき、40センチの段差が埋まった

裁判官に励まされた本件の被告人は、その場に泣き崩れたといいます。育ち盛りの2人の子どもを持つ母親で、パートで働いてはいたものの、数年前に家出した夫の借金まで抱え込み、追いつめられた末に、スーパーで万引きを繰り返していました。

この杉田宗久判事、女性5人が被害に遭った強盗・強姦事件の判決公判において、「検察官の求刑は軽きに失する」として、求刑を2年上回る懲役14年を言い渡したことで有名です。最近も、ある酒気帯び無免許運転に「求刑超え判決」を下しておられます。

「求刑の8割」が、量刑相場として通用している司法業界。求刑を超えた厳しい結論を2回も出した裁判官は、日本広しといえど杉田判事ぐらいのものでしょう。

ある公判では、冒頭陳述(被告人のプロフィールや事件の背景などを語る手続き)で、被告人の前科や前歴の有無を記載しないように、あらかじめ検察官に指示したことでも知られます。「罪を犯した過去があること」と「本件を犯したかどうか」は、本質的には無関係ですからね。偏見や先入観を取りのぞいて、審理に正面から臨むという志に貫かれた、厳しさであり、優しさなのでしょう。

裁判所としても太郎くんが心配なので、
できるだけ軽い刑にしました。
真面目に務めれば、さらに早く出られます。
フィリピンへ帰ったら、いいお母さんになって。

出入国管理及び難民認定法違反（在留期間超過）と、覚せい剤取締法違反（譲渡）の罪に問われた、フィリピン国籍の女性に、懲役2年の実刑判決を言い渡して。

東京地裁　某女性裁判官
2001.3.2［説諭］

刑は厳しく説諭は優しく

被告人は、好景気の日本に魅力を感じて1990年に来日。間もなく日本人の男と同棲して身ごもります。しかし、男はある日いなくなり、残された子に「太郎」と名づけてひとりで育てることになりました。ただ、ビザ切れが発覚するのを恐れ、太郎くんの出生届は出されませんでした。

被告人が逮捕されたのは、太郎くんが5歳のとき。警官が自宅に踏み込んできたとき、太郎君は小さい腕を広げて必死に母親を守ろうとしたそうです。

太郎くんは母親がいない間、複数の在日フィリピン人宅を転々としていました。「子どもの養育面で強い不安がある」として、弁護人は母子が日本国外への退去強制手続き（強制送還）でフィリピンへ帰れる道が開ける執行猶予を求めます。しかし、覚せい剤の譲渡量が20グラムと多すぎたため、裁判官は実刑を選択せざるをえなかったのです。

裁判官が、執行猶予をつける代わりに説諭で被告人を厳しく責めたてるというケースを前に紹介していました。本件はその逆パターンと言えるでしょう。

現在は反省しており、むかし悪いことをした人には見えない。

強姦と傷害の罪に問われ、いったん保釈された直後に逃亡。その21年半後に自ら警察に出頭した被告人に対し、懲役3年の実刑判決を言い渡して。

大阪地裁 七沢《ななさわ》 章《あきら》 裁判官
当時60歳 1993.10.28［理由］

逃げずに服役したほうがラクだった?

容疑をずっと否認していたため、なかなか保釈が認められなかった被告人。公判も大詰めを迎えようとしていた段階でようやく保釈が決まり、それをよいことに行方をくらましてしまいました。保釈を認めた裁判所としては、なんとも悔しい思いだったでしょう。手元の保釈保証金を没取し、国庫に入れたとはいえ。

偽名を使って運送会社に勤めることにした被告人が、最初にぶつかった問題は「免許証の有効期限切れ」でした。更新のためには、警察機関である免許試験場へ出向かなくてはなりません。それでは、飛んで火に入る何とやら。被告人は運転免許の更新をあきらめて運送会社を辞め、鉄工所・パチンコ店と職を転々とし、やがて知り合った女性と同棲を始めます。

しかし、入籍もしてくれない、子どももつくろうとしない彼に、彼女のほうが愛想を尽かして、関係は破綻。世を忍ぶ仮の姿に徹しつづける逃亡生活の過酷さから、たまらず出頭を決意したのだといいます。

事件から20年以上経ち、一転して公訴事実を認めた被告人に、七沢判事は「逃亡中に一定の制裁を受けたともいえる。心情的には気の毒と思わないわけではない」と諭しました。

なお、起訴された後の逃亡ですので、時効にはかかっていません。

11年余りという長期の裁判となって、
亡くなられた原告もいる。
ようやく判決を言い渡せました。
一日も早く健康被害をもたらすような
大気汚染がなくなることを願って、
言い渡しを終わります。

兵庫県尼崎市の深刻な大気汚染が原因でぜんそくにかかったとして、国と阪神高速道路公団、関西電力など企業9社を訴えた公害病認定患者483名の主張を認め、計2億円あまりの損害賠償（一部連帯）を命じるなど、住民側全面勝訴の判決を言い渡して。

神戸地裁 竹中省吾裁判長
当時57歳 2000.1.30［付言］

住民勝訴判決の後に命を絶った裁判官

本件では企業9社が24億円の解決金を支払うことで和解しています。それでも国側は和解に応じず粘り続け、本判決に至るまでの間に132名もの原告がこの世を去りました。

日本では昔から「公事《くじ》三年」と言われ、とかく裁判は時間がかかるという意識が国民の心に染みついています。たしかに、一審だけで11年かかる行政訴訟は考え物です。ただ、この判決が画期的だったのは、ぜんそくが生じうる大気汚染レベルを設定し、それ以上の汚染状態を禁じたことです。「動かないはずの山が動いた」と、原告団も驚くほど踏みこんだ内容でした。お金の問題はともかく、日本の行政訴訟で具体的な「差し止め」なんて滅多に認められません。本判決を受けて国はたまらず和解を提案。充実した道路交通政策を講じると約束したのです。

その後、大阪高裁へ異動された竹中判事は、2006年12月、自宅の書斎で首を吊り亡くなられました。いわゆる住基ネット裁判で、制度を拒絶している住民の個人情報を住基ネットに載せることはプライバシーを侵害し憲法違反だ、として住民の勝訴を言い渡した、わずか3日後の出来事です。それまで判決期日を4回延期しており、結論に相当悩まれたご様子です。定年退官まであと8カ月でした。ご冥福をお祈り申し上げます。

コラム

司法権の独立

江戸の名奉行として知られる大岡越前も、遠山の金さんも、徳川幕府の意向に逆らえる立場ではありませんでした。裁判官が、時の権力に従属し、公正な審理より権力者の意向が優先したという歴史は、洋の東西に共通しています。

しかし現代の裁判官には、政府や社会的影響力の大きい人たちの顔色を見ながら判断するのでなく、むしろ彼らの間違いを法に基づいてただせる存在であることが求められています。その理想を胸に、日本の憲法では「すべての裁判官は、良心に従い独立してその職権を行ない、この憲法及び法律にのみ拘束される」「裁判官の懲戒処分は、行政機関がこれを行なふことはできない」などとして、権力者が裁判に口出ししないように保障する「司法権の独立」をうたっています。

それぞれの裁判官は、政治家もマスメディアも、上司や同僚の意向すら気にせず、ご自分の信じる結論を安心して導くことができる……はずなのですが、無罪判決や国を負かす判決を出すことが多い裁判官は、いきなり不自然な職場異動を言い渡されたり、出世・昇給が頭打ちになったりするナゾの現象が目につきます。単なる「職場のイヤガラセ」では片付かない問題です。

第7章 ときには愛だって語ります

法廷の愛憎劇

二人して、
どこを探しても見つからなかった青い鳥を身近に探すべく、
じっくり腰をすえて真剣に気長に話し合うよう、
離婚の請求を棄却する次第である。

夫と別れることを希望していた妻が原告となって訴えた、離婚請求裁判での判決理由。たしかに夫婦関係を続けるのは難しい状況にあることを認めたうえで、これから老後の生活を迎える転換期なので、それをきっかけに、もう一度やりなおしてみるのがふさわしいと結論づけて。

名古屋地裁岡崎支部 宗哲朗《そうてつろう》裁判官
当時56歳 1991.9.20［理由］

知る人ぞ知る「青い鳥判決」

結婚生活30年の熟年夫婦が対立した離婚裁判です。夫は、仕事一筋の自動車整備技術者。自ら整備工場を興した経営者でもあります。

しかし、妻は、そんな夫のガンコな性格、社会性の乏しさに嫌気がさし、「第二の人生を送りたい」と離婚を請求。昔から、夫に暴言を吐かれたり暴力をふるわれたりしていた、とも主張します。

一方で、夫の側は、理由なしに暴力をふるったことはなく、むしろ妻の気の短さ、わがままさ加減に、これまでジッと辛抱してきたと言います。「反省すべきところは反省する。ただし、別れる気はない」として、一歩も譲ろうとしません。そんな二人の間に入り、宗判事は、「もう少し結婚生活を続けてみなさい」と諭したわけです。

家庭裁判所での調停から正式裁判の判決まで、もつれにもつれておきながら、離婚が結局認められないというのは、全体の3・1%（2005年）と、珍しい事例です。

判決文全体を読んでみたい方は図書館へ。法律系専門雑誌「判例時報」1409号の、97ページ以降に載っています。純粋に読み物としても味わい深い判決文です。そう、幸せの青い鳥は、あなたのそばにもいるんです。

恋愛は相手があって成立する。
本当に人を愛するなら、
自分の気持ちに忠実なだけではダメだ。
相手の気持ちも考えなくてはいけない。

ストーカー規制法違反の罪に問われた被告人に対して、懲役10カ月の実刑という一審判決を支持し、控訴を棄却して。

福岡高裁宮崎支部 岡村稔裁判長
当時61歳 2004.12.22 [説諭]
→P.102

実刑を受けても会いに行く！

カン違いしている最中って、すごく楽しいんですよね。それは間違いありません。女の子を少しからかってみたりしたとき、「もう、やめてよー」と、その子にポンと身体を叩かれただけで、中学男子など、完全にその子が自分に気があると思い込みますから。

本件は、鹿児島県に住む33歳の女が、バスの車内で居合わせた38歳の男性に一方的に好意を抱き、それから男性の職場に押しかけて結婚を迫るなどした事例です。

一審・鹿児島地裁の初公判では、被告人は行為を大筋で認めたうえで「法律が規制するストーカー行為にはあたらない」と主張。さらに「男性と結婚したい気持ちは変わらないので、やれるだけのことはやる。実刑判決を受けても刑期が終わったら会いに行く」とも述べています。

1999年、まだつきまとい行為が軽犯罪でしかなかった時代に、鹿児島県は全国に先駆けて「ストーカー防止条例」を制定しました。しかし、ストーカー対策の先進県も、彼女のゆがんだバイタリティーを前にしては、無力だったようです。

周囲から結婚のプレッシャーでもかけられ、被告人は焦っていたのか。あるいは、男性が相当なイケメンだったのでしょうか。思い当たるフシのある男性諸氏、くれぐれもご用心ください。

母親の愛情は、海よりも深いといいます。
この言葉を嚙み締めてください。

保護責任者遺棄致死の罪に問われた被告人に、懲役3年の実刑判決を言い渡して。

千葉地裁 田中康郎裁判長
当時53歳 2000.2.4［説諭］

死んだ子どもを置いて外泊した母親に

旦那が地方に出張している間に、妻は2人の息子を家に置き去りにして、携帯サイトで知り合った男友達と2連泊。帰ってきたときには生後4カ月の二男がベビーベッドの上で息絶えていた、という事件です。被告人は、16個のおにぎりを作って置いていったため、2歳の長男はそれを食べて空腹をしのげましたが、二男のためのミルクは用意されていませんでした。

公判で弁護人は、被告人が子どもたちを置いて外出したことは認めるが、二男は乳幼児突然死症候群（SIDS）で死亡した可能性があると主張しました。たとえ、被告人が家にいても死亡は防ぎようがなかった、「遺棄」と「致死」の間に因果関係がなかったと言いたいのでしょう。しかし私には本質から外れた議論に思えてなりません。帰宅して二男が死亡しているのを見つけた後、被告人は、信じられないことに男からメールで誘われたのに応じて、再び外出・外泊しているのです。被告人は24歳。母親として若すぎる年齢とも思えません。

仕事にかまけて家庭を顧みない夫に嫌気がさし、いくら育児ノイローゼ気味だったとしても、このような態度は強く責められて当然。ゆえに実刑判決となりました。それでも田中判事は「母親としての愛情を身に付けようとする自覚がみられる」と、最後の期待を寄せています。

子どもは、あなたの所有物ですか？
社会全体の宝でしょ。

男児虐待（のちに死亡）で、監禁の罪に問われた被告人に対し、裁判官から質問していた中で。

大阪地裁堺支部　坪井祐子裁判官
当時42歳　2005.2.8［質問］

大阪府は、児童虐待件数が日本一

現在、発覚している全国の児童虐待事件のうち、約1割が大阪府で起きています。ですが、誤解しないでください。大阪の親だけが特に獰猛《どうもう》だというわけではありません。全国普及率が約4割である「児童虐待防止ネットワーク」が、府内では全ての市町村に構築されており、早期発見の態勢が整っていることが日本一の理由です。

ただ、本件では大阪の児童相談所による対応の遅れが浮き彫りとなりました。母親が子どもを自宅クローゼット内に閉じ込め、扉を外から冷蔵庫で押さえつけたうえで、自分はパチンコで3時間半にわたって遊んでいたという救いのない事件です。

地元の児童相談所は、子育ての「支援」という基本方針にこだわり、被告人宅を訪問するなどの調査を行っていませんでした。市が代わって訪問したところ、夫（殺人罪で懲役12年の実刑）が面談を拒否。さらに「男児の顔にアザがある」という報告を受けていたのに、男児の死亡が判明するまで、ついに相談所は動こうとしなかったのです。

自治体との連携が十分でない、内部で重要情報が共有されていない、また、そもそも相談所の人員が少なすぎるといった事情もあり、児童相談所だけを責め立てるのは酷ですが、それにしてもなんとかならなかったのかと悔やまれます。

性別の変更も認められ、婚姻もできた。
これを逃せば更生の機会はないと判断しました。

覚せい剤取締法違反(使用)の罪に問われた被告人に対する控訴審判決公判。一審、大阪地裁で出された実刑判決を破棄し、あらためて保護観察ありの執行猶予をつけて。

大阪高裁 瀧川義道裁判長
当時64歳 2005.7.19[説諭]

一審は男性として、控訴審は女性として

結婚して家庭を持てば、精神的に安定して責任感も養われ、犯罪から立ち直るのに役立つ、という考えは、どうやら裁判官の間での共通認識のようです。

被告人は16歳で性別適合手術（いわゆる性転換）を受けて水商売の世界に入り、覚せい剤を知りました。もちろん薬物に手を出した点は非難されるべきですが、それまでの人生で抱えた悩みや違和感は、見た目も心もバリバリに男の私などには想像を絶するものだったでしょう。

心身ともに女性なのに、法律上は依然として男性だった被告人は、拘置所内での扱いに耐えられず、家庭裁判所に「戸籍上の性別変更」を申し立てていました。一審で実刑判決を受けた直後、２００５年５月にその申し立てが認められたため、女子用の施設に移され、交際していた男性と入籍する望みもかなったという経緯があります。控訴審の被告人質問では、瀧川裁判長の前で「更生して主婦として生きたい」と述べています。

２００４年７月、性同一性障害特例法が施行され、わが国でも戸籍上の性別変更が認められるようになりました。しかし、「20歳以上」「結婚していない」「子どもがいない」「生殖機能を失っている」「『心の性』と一致する性器等に似た外観を備えている」「２人の専門医が一致して障害と認定している」という条件をすべて満たすのは、現実にはかなり高いハードルです。

この裁判で、一番影響を受けているのは
子どもたちであることを考えてほしい。
子どもたちの健やかな成長のためにも、
紛争の早期解決を切に願う。

被告に35万円の損害賠償を原告へ支払うよう命じた一方、原告にも38万円の慰謝料を被告に支払うよう命じた判決で、「裁判所からのお願い」として。

大阪地裁　藤田昌宏裁判官
当時36歳　2000.12.22［付言］

平成の「ケンカ両成敗」

小学3年の児童が、同級生と校庭で遊んでいて頭を打ってケガをし、通院したということで、児童の親（原告）が、同級生の親（被告）を相手どって民事裁判を起こしました。一方、被告も「原告の責任追及があまりにも厳しく、精神的苦痛を受けた」として、逆に慰謝料を請求しています。

それで結局、裁判所から「お互いに悪い」と認定され、原告側は、わが子のケガに過剰反応したばかりに、差し引き3万円と訴訟費用を失うことになったのです。

私も小学生のころは、友人とつるんでいて、木の上から落ちて腰を強打したり、縁石に頭をぶつけて大流血したり、運動場のローラーで足を轢《ひ》かれたりしましたが、親にはことごとく「オマエが悪かったい」で片付けられました。一度ぐらい、原告の子どものように大事にされてみたいものです。

藤田裁判官は過去に、判決公判に4時間近く遅刻した保釈中の被告人に対し、何事もなかったかのごとく淡々と有罪判決を言い渡したことがあるそうです。ちょっと怖いですね。

親友は、真の友ではなく、
愛する妻は、良い妻でなかったということですか。
十分に理解はできる。しかし、
殺害は許されない。わかりますね。

殺人の罪に問われた被告人に対して、「結果は重大だが同情を禁じえない」として、求刑より5年軽い懲役8年の実刑判決を言い渡して。

札幌地裁　遠藤和正裁判長
当時56歳　2006.2.28［説諭］
→P.100、166

妻が夫の幼なじみと不倫、その結末は

ある晩、会社から帰ってきた被告人は、妻が被告人の友人である男性と仲むつまじい雰囲気で自宅駐車場から出てくるところを目撃してしまいます。「あいつら、またオレに黙って会って……！」。かねてより不倫関係にあった２人に、被告人はそれまでも何度か別れてほしいと説得していたようです。そんな被告人の気持ちを逆なでするような、密会疑惑でした。

直後に自宅へ引き返し、台所から文化包丁２本を握って出てきた被告人。あくまで「脅すため」に持ち出したということですが、言い合いになっているうちに感情を抑えきれなくなり、幼なじみだった男性に凶器を振り下ろしたのでした。

男性は胸など数カ所を刺され、病院に運ばれますが、まもなく息を引き取りました。現場に駆けつけた警察官に、「私がやりました」と素直に犯行を認めた被告人は、ずっとマンションの玄関に座りこんでいたそうです。その手で殺めた友とは、札幌市内の小学校で知り合い、中学校も同じでした。きっと、共通の思い出がたくさんあったはずです。

もう１本の包丁は自分の妻に向けようとしていたのでしょうか。真意は測りかねますが、包丁を２本持っていくというところに、当時の被告人の、尋常でない気持ちの高ぶりが見てとれます。

コラム

検察官

刑事事件の法廷に、さっそうと大きな風呂敷包みを持って現れるのが検察官。風呂敷の中身は、大きなお弁当箱ではなく、証拠書類の束です。

一般に、傍聴席から向かって左側が検察側の席で、右側が弁護人の席になります。ただし、向かって左側に出入り口があるタイプの法廷では、その位置が逆になるようです。検察側の席がどちらなのか、その目印は、これ見よがしに台の上に置かれている六法全書です。

刑事事件で、裁判所に起訴するかどうかを決められるのは、検察官だけ。起訴するかどうかは、証拠や被疑者の供述などから判断します。

さらに、犯罪をやった疑い（嫌疑）が十分でも、被疑者の性格、年齢や境遇、犯罪の軽重や情状などを考えに入れながら、「今回は許す」と決めて釈放すること（起訴猶予処分）もできます。ただし、この起訴猶予処分で終われば、無実を争いたくても争う場がなくなってしまう、という問題も残りますが。

この起訴猶予処分と、そもそも犯罪の疑いがなかったり、証拠が揃わず嫌疑不十分で起訴できなかった場合を、まとめて「不起訴処分」といいます。

第8章 責めて褒めて、褒めて落として

裁判官に学ぶ諭しのテク

暴力団にとっては、
石ころを投げたぐらいのことかもしれないが、
人の家に銃弾を撃ち込むと相当、
罪が重くなるわけです。

殺人未遂幇助、銃刀法違反（発砲）
の罪に問われた被告人に対して、
懲役11年の実刑判決を言い渡して。

前橋地裁　久我泰博裁判長
当時53歳　2005.4.18［説諭］
→P.14、24、28

優しく諭しながら放たれる、高度なイヤミテクニック

被告人は、元暴力団組長の自宅近くで拳銃を発砲したとされています。被告人らが所属する暴力団と、元組長の暴力団は、かつて同じ系列に所属していたそうですが、縄張りなどを巡ってトラブルになっていたといいます。近所の住民が数発の銃声を聞いており、事件が発覚しました。みんなが寝静まった未明の出来事ですから、突然そんな派手な音がすれば丸バレなんですけどね。

銃刀法の発砲罪だけでも、最高で無期懲役刑が用意されている重罪なのですが、さらに被告人は、前橋市の「スナック乱射事件」にも一枚嚙んでいたようです。こちらについては、スナックに客として来ていた組長の殺害(未遂)を、見張り役としてサポートした「殺人未遂幇《ほう》助《じょ》」の罪が成立。これも法定刑の最高は無期懲役です。

ありがたいことに犯罪白書には、「暴力団対立抗争での銃器使用率」というマニアックなデータまで載っています。2003年ですと61・3%という数値。2回に1回以上は銃が使われているということで、確かに石ころを投げるぐらいの感覚なのかもしれません。

それにしてもこれで4度目の登場となる久我判事、嚙んで含めるようにイヤミを放つテクニックは、なかなかのものです。

また引っかかるかもしれないので、
今後はよく注意するように。

道路交通法違反（酒気帯び運転）、業務上過失傷害の罪に問われた被告人に対して、一審の執行猶予つき有罪判決を支持し、控訴を棄却。その裁判を被告人が受けていた間に、法令上の酒気帯び基準が厳しくなったことに触れて。

東京高裁　村上光鵄《こうし》裁判長
当時63歳　2003.7.25［説諭］

肝臓が弱っているのに深酒してはいけません

車での通勤途中に歩道に乗り上げ、歩行者の女性に全治約3カ月の重傷を負わせた被告人。前の晩に水割りウイスキーを6杯飲んでおり、事故当時も呼気1リットル中に0・25ミリグラムのアルコールが検出されました。当時の道路交通法施行令では0・25ミリグラム以上で酒気帯び運転。惜しいところではありますが、違反は違反です。

被告人は無罪を主張しました。その夜は9時間半の睡眠をとっており、酒気帯び運転を避ける意思こそあれ、犯す意思はなかったというのです。しかし、村上判事は「健康診断で肝臓が弱っていることを知りつつ深酒をした」として、主張をしりぞけました。

日本の酒気帯び基準は、2002年に同0・15ミリグラム以上という世界的にも厳しい水準まで引き下げられました。しかし、取り締まる側からの一方的な通告によってしか、自分が今、基準を超えているのかどうか知ることができないのでは、規制の手法として不十分です。車内には速度メーターと同様に、呼気中アルコール濃度の測定機も標準装備されるべきです。実際、ある県警の調査によれば、飲酒運転の理由の38%が「時間が経って覚めたと思った」だったそうですから。

電車の中では、女性と離れて立つのがマナーです。

東京都迷惑防止条例違反(粗暴行為〈痴漢〉)の罪に問われた被告人に対して、有罪を言い渡した一審判決(罰金30万円)を破棄し、逆転の無罪判決を言い渡して。

東京高裁 白木勇《しらきゆう》裁判長
当時61歳 2006.4.14 [説諭]

実録「それでもボクはやってない」

今回の被告人は39歳の会社員男性。通勤途中に突然、「痴漢やめてください！」と、22歳の女性に腕をつかまれました。東京の交通の大動脈であるＪＲ中央線は、通勤時間帯に痴漢が多発する路線としても知られています。しかし本件は平日の午前10時30分、通勤ラッシュのピークは過ぎ、比較的空いた車内での出来事でした。

白木判事は「下半身に何かが触れたのを痴漢と思い込んだ、勘違いの可能性があり、犯罪の証明がない」とし、「疑わしきは罰せず」の鉄則を適用して無罪としたのです。

あの映画「Ｓｈａｌｌ ｗｅ ダンス？」の周防正行さんが監督・脚本を手がけた最新作「それでもボクはやってない」が、２００７年初頭に封切られました。満員電車の中で、ドアにはさまった上着をひきぬこうとゴソゴソしていた主人公の男性が、近くの女子中学生の乗客に痴漢だと誤解されてしまったところから物語は始まります。

私はツッコミどころを探そうと、特に法廷シーンを意地悪くチェックしていましたが、実際の法廷との違いはまったくわかりませんでした。主人公が容疑を否認し続けて、逮捕→勾留→起訴と、みるみる泥沼にハマっていく過程も、現実のままなんでしょうね。いやぁ、怖かった。これって、迫真のホラー映画ではないでしょうか。

裁判所としても、
事件に関連する範囲で尋問してほしいと思うが。
皆さんベテランだからわかると思いますが。

殺人、殺人未遂、殺人予備、逮捕監禁致死、死体損壊、武器等製造法違反の罪に問われた、オウム真理教の元教祖・松本智津夫の第12回公判。事件の核心から外れた質問ばかりを繰り返し、訴訟引き延ばし作戦の意図が感じられる弁護団に向けて、少しイラついた口調で。

東京地裁 阿部文洋裁判長
当時51歳 1996.10.17［その他］
→P.32

オウム弁護団の「作戦」とは

オウムの松本弁護団は、最初から悲しい宿命を背負っていました。だって何をどうこねくりまわしたところで、裁判所の結論が動かないことは最初から見えているからです。しかも尋常でない仕事量を強いられるわけですから、よほどの使命感でもなければできません。

ただ殺人事件は、弁護人がいなければ裁判を始めてはいけないと法律で定められた「必要的弁護事件」です。したがって、どうしても誰か弁護を引き受けざるをえません。

最初に弁護人に就任したのは横山昭二弁護士（現在は廃業）。「もう、やめてっ！」の名セリフで一世を風靡しましたが、初公判の前日にいきなり解任されたため、裁判を延期せざるをえませんでした。本件が必要的弁護事件であることを、オウムが悪用したことは明らかです。

そして国が任命した12人の大弁護団。約5万6000枚の事件記録等を各人にコピーするだけで800万円かかりました。主任弁護人は安田好弘弁護士。最近では山口・光市母子殺害事件の最高裁弁論を無断で欠席して話題になった方です。安田弁護士は「弁護方針は『とにかく時間をかけること』」と宣言し、弁護団全員に了承されたとか。死刑廃止運動がライフワークの方ですから、引き延ばし戦略こそが弁護の王道という確信がおありだったのでしょうか。

判決は、淡々と出します。

一審で地域住民側が敗れた「川辺川利水訴訟」の控訴審。裁判官3名と当事者双方が出席して、訴訟の弁論展開を打ち合わせた場で。

福岡高裁　小林克已裁判長
当時57歳　2002.12［その他］

思わせぶりな発言の後、驚きの判決

この5カ月後、住民側の勝訴とする逆転判決が出て、国は上告を断念しました。それにしても、この小林判事の発言を聞いた段階で、住民の皆さんはヒヤッとしたでしょうね。国を相手どった行政訴訟で、住民側が勝訴する確率はわずか3％前後。そこにきて「淡々とした判決」ということは……、「あぁ、そういうことなのね」と、つい思ってしまいますよ。

熊本県球磨地方に建設計画中の川辺川ダムから、水が不足しがちな高台の地区に農業用水を引く国家事業、これが「川辺川利水」です。一見すると素晴らしい計画ですが、幹線の水路から農地へ水を引く費用は、各農家の自己負担です。時代の流れとともに、新たな負担を負ってまで農業を続けたいという住民は減っていますし、自前で地下水を汲み上げる技術も確立されました。利水事業の必要性に疑問が出されたのは当然のことです。

この裁判は、利水対象地域を縮小する国の変更計画に対し、そもそもダムは不要だと主張する地元住民が、計画変更の無効を訴えたものでした。控訴審判決では、国が法律で定められた地域住民3分の2以上の同意を集めていないと認定し、国の計画変更を退けました。ダム建設はいまだ始まらず、計画だけが宙に浮いている一方、ダムが完成すれば水没する村では、すでに村民が高台へ移住。「いまさらダム建設に反対されても困る」という住民もいます。

今回は子どもの足を焼いたが、
これからはわが身を焼く思いで、
自分の子どもにとって何が最善か、
よく考えるようにしなさい。

当時1歳5カ月の息子の足の裏を、ライターの火であぶるなどの虐待を繰り返した被告人に、執行猶予つきの有罪判決を言い渡して。

旭川地裁　遠藤和正裁判長
当時52歳　2001.12.25［説諭］
→P.100、152

うまいこと言いましたね

夫にしかなつかない長男を、腹立たしく思ったという22歳の母親。ひょっとしたら、彼女にとっての人間関係というのは、「話しかけて応えてくれたから嬉しい」「無視されたからイジワルしたい」という、脊髄反射的なものでしかなかったのかもしれません。

でも、それが通じるのは、せいぜい「同い年の友達同士」ですよね。

ただ彼女の場合、育児放棄（ネグレクト）のように、わが子に全く関心がない、というわけではないようです。遠藤判事は、「被告人は妊娠しており、服役させるのは長男の将来にとっても有害」と述べておられます。母親がこの裁判をきっかけに立ち直ることを大いに期待しての、執行猶予つき判決でした。

こんな発言も

「酒の影響はあったというが、あまりにも年甲斐がないですね」

自宅から市役所に電話し、「爆弾を仕掛けたぞ。10時になったら破裂しちゃうぞ」などと脅して、公務員の職務を一時的にマヒさせた66歳の被告人に対して。

（札幌地裁　遠藤和正裁判官）２００６／２／27

被告人の美術館建設という意思は素晴らしいのに、名画の曇るようなことが行われたのは残念です。

人為的に相場を吊り上げる「仕手筋」と癒着した株取引によって得た巨額の利益を隠し、34億円近くを脱税した、前「地産」相談役・竹井博友に対し、懲役4年・罰金5億円の実刑判決を言い渡して。

東京地裁　松浦繁裁判長
当時48歳　1992.4.27［説諭］
→P.170、184

責めて褒めて、褒めて落として

判決理由は、まず「平均的な国民からすれば、その生涯所得をもはるかに超える、思いも及ばない脱税額であり、多くの国民は驚きと怒りを感じるものと思われ」と厳しく指摘しています。ひょっとしたら、最も「驚きと怒りを感じ」たのは、証言や証拠に直接触れた、松浦裁判長ご自身だったのかもしれません。

かと思えば、「その異才をもって数多くの事業を興し、従業員7000名を擁し、年間2000億円以上を売り上げる巨大グループを形成。それ自体が大きな社会的貢献である」「その私財を投げうって、美術館の建設に奔走した」などとして、被告人を持ち上げます。さらに「71歳で高齢、糖尿病を患っている」と、健康面も気にしておられますね。

それでいて、最終的には容赦ない実刑判決を結論づけました。罰金刑はともかく、懲役4年は相当こたえたでしょう。竹井さんは後に「心泉」という名で自叙伝『高塀の中の養生訓』を著しています。服役中は図書係として、1年半かけて刑務所内の蔵書を全て整理しつくしたのだそうです。そしてその仕事ぶりが評価されてか、刑務所で新しい本を購入する際の選定係に任命されます。その役得で何百冊もの本を読破できたとのこと。どんな環境にも適応して生きていける、なんともたくましい方です。

私もギリギリまで迷ったんですが、たとえれば、
1年間懸命に働いたプロ野球の落合選手の
契約金額が2億なんぼ、
歌手の森進一さんの去年の納税額が
8千数百万円だったのに比べて、
あんたの会社の脱税額がいかに大きいか、わかるでしょ。

不動産売買に絡んで、約4億9000万円を脱税した不動産会社社長に対して、懲役1年8カ月の実刑判決を言い渡して。

東京地裁　松浦繁裁判長
当時47歳　1991.3.29［説諭］
→P.168、184

実刑か、それとも執行猶予か

結論を「ギリギリまで迷った」ためなのか、松浦判事は、予定されていた判決言い渡し時間よりも5分ほど遅れて入廷したそうです。検察官や弁護人がなかなか法廷に到着せずに、関係者が待たされるのは、それほど珍しいことではありません。ただ、スケジュールがカッチリ固められていて、法廷から別の法廷へ、という移動もほとんどない裁判官が開廷予定時刻に遅刻するのは、異例といえます。

量刑に最後まで悩みを見せた松浦判事は、「あなたの子どもが中学生になるまでに出所できるよう、1年8月《げつ》の実刑としました」と告げます。ここまで言われたら、被告人としても真剣に刑期をまっとうするしかないでしょうね。

松浦判事は同じ年に、元環境庁長官である稲村利幸代議士の脱税事件（約17億円）も担当され、「最初から脱税を意図した株取引だった」として、懲役3年4カ月の実刑を言い渡しています。前項の「地産」脱税事件もそうですが、この時期の東京地裁は、１９８０年代後半のバブルの後始末を、せっせとしていたんですね。

松浦判事は退官後、中央大学の法科大学院教授として教鞭をとられましたが、２００６年11月に63歳の若さでお亡くなりになりました。ご冥福をお祈り申し上げます。

コラム

検察官が判決を決める国？

わが国の刑事裁判（一審）での有罪率は、約99・92％（2005年）。被告人が無罪を主張している事件に限っても、毎年その97％前後に有罪判決が言い渡されています。日本の刑事裁判に特徴的な「精密司法」と呼ばれる現象です。検察官に起訴されたが最後、ほぼ間違いなく有罪という結論が見えている世の中なのです。

起訴するかしないかの判断が的確で、裁判で無罪になりそうな被疑者は、ことごとく不起訴処分にしているのか。「今日こそ被疑者の口を割ってやる」という発想で取り調べに臨み、あの手この手を駆使して自白調書を創っているのか。それとも「こうして検察官が起訴してるんだから、どうせオマエがやったんだろ」と、裁判官が最初から思い込んでいるのか。あるいは、その全部なのか。

担当した事件で無罪判決が出ると、評価が下がってしまう日本の検察官。現場の皆さんは正義感に燃えて頑張っておられるのだと思います。しかし、「有罪至上主義」が行き過ぎると、裁判が単なる形式的なものとなり、「審理の公正」という刑事裁判制度の根幹が揺るがされかねません。

また、「求刑の８掛け」で懲役などの年数が決められているように見えるのは、裁判官の量刑相場を検察官が知りつくしていて、あらかじめその２割増しで求刑しているから……？　さすがに量刑までも検察官が決めているとは勘繰りたくないのですが。

第9章 物言えぬ被害者を代弁

認められ始めた「第3の当事者」

家族の愛情を求めながら、その家族から虐待を受ける日々を、
どんな思いで耐えていたのか。
何を感じながら人生の幕を閉じていったのか。
願わくば、その人生が悲しみばかりでなかったことを祈る。

3歳10カ月の男児を虐待の末に死亡させたとして、傷害致死の罪に問われた被告人らに、懲役5年6カ月の実刑判決を言い渡して。

千葉地裁　小池洋吉裁判長
当時58歳　2001.11.20［付言］
→P.34、82

かまってほしかっただけなのに

この事件が通常の理解を超えるのは、幼児の義理の母親だけでなく、祖父・祖母、さらには曽祖父までが虐待に参加している点です。

曽祖父は、男児と一緒に留守番を押しつけられるのが嫌で、その不満の矛先を男児に向け、抱えあげて物干し台の支柱に顔面を打ちつけました。祖母は、男児をベルトで柱に縛りつけ、後ろ手にした手首にもヒモを巻いて逮捕罪に問われました。義母は、男児の頭を平手打ちして、弾みで石油ストーブに頭から激突させ、さらに祖父が頭を手拳で数回殴り、男児は６日後にこの世を去りました。彼が弱っていたのに漫然と放置したとして、実の父親も保護責任者遺棄で逮捕されましたが、起訴には至りませんでした。

検察官が刑事処罰を求めた虐待行為だけを挙げましたが、書いているだけでうんざりしてきます。いくら血がつながってないとはいえ、なぜここまで壮絶な弱者いじめができたのか。被告人らによれば、妊娠していた義母の腹の上に男児が乗っかったために、義母が入院した出来事がきっかけだったそうです。それで怒りを買ってしまったわけですが、小池判事は、男児のこの行動を、新しく生まれる妹に母親を取られる寂しさによる「赤ちゃん返り」だったと認定しています。

お母さんの顔を忘れないように。

自宅で母親を殺害したとして、殺人の罪に問われた19歳の少年に対して、懲役8年の実刑判決(求刑・懲役10年)を言い渡して。

大阪地裁　宮﨑英一裁判長
当時46歳　2006.1.27［説諭］

昔だったら「尊属殺人罪」で、無期懲役？

「携帯電話を使いすぎている」と叱られたことから、大学生の息子が母親を刺殺したという、なんとも甘えた事件です。「カネを出すなら口も出す」のは仕方のないこと。それをうっとうしく思うなら、自分のケータイ代・パケット代ぐらい、自分で稼ぎましょう。

犯行後、被告人は、母親の遺体などにサラダ油をかけて火を付けています。なんでも、変質者が侵入してきて殺害したように工作したつもりだったそうです。

その後は、外出して古本屋で漫画を立ち読みしていたんだとか。こういうときにはどんな漫画を読むんでしょう。気になります。親より大切な携帯電話で誰かとダべったりはしなかったんでしょうか。

昔だったら「尊属殺人罪」で無期懲役になっていただろうことを考えると、懲役8年という刑は決して重いものではないと思います。そのぶん、無償の愛情を注いでくれた顔も、自分の目の前で事切れたときの顔も、生涯背負って生きなさいという宮﨑判事の説諭。被告人が出所するときにもう一度聞かせたい言葉です。

刑が多いか少ないか、議論はありえます。
ただ、殺人でも業務上過失致死でも危険運転致死でも、
遺族の気持ちに変わりはないんです。
被害者が亡くなったという事実が一番大事なこと。
刑期を終えても、ずっと果たさなければならない償いがあります。

交通死亡事故で、業務上過失致死と道路交通法違反（無免許運転・酒気帯び運転・救護義務違反）の罪に問われた被告人につき、懲役9年の求刑に対して、懲役6年の実刑判決を言い渡して。

横浜地裁小田原支部　荒川英明裁判官
当時48歳　2003.1.20［説諭］

遺族は2度泣かされる

交通死亡事故の遺族は、その悲劇に泣かされた後、加害者に科される刑事罰の軽さにも泣かされるといいます。たとえば1999年、東名高速で、泥酔したドライバーの運転する大型トラックが乗用車に衝突し炎上。幼い女児2人の命が奪われる事件がありました。

理屈の上では、業務上過失致死罪と道路交通法違反（酒酔い運転罪）で、当時でも懲役7年まで言い渡せたはずです。しかし、裁判所の量刑相場では、懲役4年を告げるのが精一杯。控訴審の仁田陸郎裁判長（2007年に定年退官）は、のちに「個人としては、ときに法の仕切りから飛び出したいこともあるが」と、本音を吐露しておられます。

この東名高速事件をきっかけに、交通死亡事故における量刑上限のリミッターを取り外すべく、懲役20年が最高刑の「危険運転罪」が刑法の中に新設されたのでした。

本件は、危険運転としての立件はされていませんが、前に起こした薬物犯罪の刑の執行猶予中に起こした飲酒無免許ひき逃げ死亡事故。乗っていたのは盗難車なので窃盗罪も付ければ、最高で懲役20年まで（当時）科せるのに……。そのぶん、「過失の態様きわめて悪く、25歳で命を奪われた被害者の無念さは察するに余りある」と、言葉でフォローもなさったのでしょうが、やっぱり、犠牲者の命は「ポケットティッシュ」ですか。

これはいわば、
水《み》咲《さき》ちゃんが与える罰です。

両親双方から娘・水咲ちゃん（2歳）
に対しての虐待死事件で、殺人の
罪に問われた母親につき、懲役9
年の実刑判決を言い渡して。

さいたま地裁　若原正樹裁判長
当時55歳　2003.2.21［説諭］

それは「殺意あり」でしょう

「このまま虐待を続ければ、死なせてしまうかもしれない」という場面で、「でも、死なせてはいけない」と考えれば傷害致死罪ですが、「死んでもかまわない」と思ってしまうと殺人罪になります。これが刑法の理屈ですが、実際には事件当時の被告人の気持ちを覗《のぞ》き見ることはできませんから、それを目で見える証拠から推測していくのが裁判です。

被告人は、水咲ちゃんの頭部が通常の倍まで膨れあがるほど、すさまじい暴行を加えた上で、水すらほとんど与えずベランダに放置。死因は脱水に伴う循環不全。さぞ苦しかったでしょう。人間を含め生物の身体は、飢えには意外と耐えられるようになっていますが、喉の渇きには弱く、せいぜい数日間しかもたないそうです。そこを重く見てか、若原判事は「死んでもかまわない」未必の殺意があったと認定し、殺人罪を適用しました。

被告人は夫（同罪で懲役8年）と入籍後に男児を出産、いったん乳児院に預けていた水咲ちゃんを引き取りました。しかし「急になつかなくなり、憎くなった」ことが虐待の引き金になったようです。児童相談所は通常は一時帰宅をさせ、子どもの様子を確認してから出所させるところを、「両親ともに、すでに愛情をもって接していた」として、その手続きを省略していました。ここでもまた、児童相談所が関与していたのになぜ……という思いが残ります。

変態を通り越して、ど変態だ。
普通の父親では絶対に考えられない、
人間失格の行為。
娘の将来の傷をどうするのか。

児童福祉法違反の罪に問われた男の初公判で、裁判官が問いただして。被告人は「ひどい行為だと思っている。家族に償いたい」と答えた模様。

横浜家裁横須賀支部 某審判官
2005.5.25［質問］

ありきたりの非難では言い尽くせない

　この発言をした裁判官の名前が、新聞記事では発表されていません。一般には公開されない家庭裁判所の審判だという事情もあるのでしょうが。

　そこで、当時、横浜家裁の横須賀支部で裁判実務を担当されていた裁判官を調べてみますと、お三方見つかりました。その中に、福島節男判事のお名前が（↓P198）。やっぱり、ここまでインパクトの強いことをおっしゃる可能性がある裁判官といえば、この方かなぁ……と思うのですが、憶測はいけませんね。

　被告人は、あろうことか7歳になる長女に、わいせつな行為をさせ、その様子を携帯電話で十数回にわたり撮影し、画像をネット経由で知人に送ったということです。そんなことを、父親がよく平気でできますよね。私も審判官とまったく同感です。奥さんは「知らなかった。何年かして娘が事実を知ったときが不安」と話します。

　この審判官は、最長である5年間の執行猶予がついた有罪判決を言い渡しました。本来は実刑が当然だが、仮に父親が刑務所入りした場合、これから長女が育っていくうえで影響が大きかろうといったあたりが考慮された模様です。

君の今後の生き方は、
亡くなった3人の6つの目が、
厳しく見守っている。

殺人、死体遺棄の罪に問われた被告人について、死刑の求刑をしりぞけ、無期懲役の判決を言い渡して。

横浜地裁　松浦繁裁判長
当時52歳　1996.2.22［説諭］
→P.168、170

覚えていますか、つくば妻子殺害事件

1994年11月、重し付きのビニール袋に入れて沈められた女性と女児の絞殺遺体が、横浜の運河で発見されました。続いて、男児の遺体も見つかります。殺害の疑いをかけられたのは、女性の夫、子ども2人の父であった29歳の男でした。職業は医師。

安定した高収入が得られるにもかかわらず、男は金づかいや女遊びが尋常でなかったため、家計は火の車。妻は、研究所の事務員や水商売で得られる収入で、一家を支えていました。

遺体発見の1週間前、朝帰りしてきた男は、妻から離婚を切り出され、逆上して妻の首を絞めます。そのうえ、「母を失い、父が犯罪者である子どもたちが哀れだ」という身勝手極まりない動機で、わが子にも手をかけ、その後に何食わぬ顔で病院に出勤していました。

松浦裁判長は男に「医師活動で患者に感謝されながら命を救ってきたが、事件で奪った命の方が、はるかに重い」とも言い聞かせておられます。

1995年、横浜地裁の判決で、有名な「安楽死の4要件」が示されました。あの公判の裁判長も松浦判事でした。その論理性には定評がありますが、一方で、被告人の痛いところを突く、ピリッとスパイスの効いた説諭も見逃せません（↓P168）。

林大貴くんは、生き物や自然が大好きで、命を大切にする少年だった。
谷中孝寿さんは、事件前、香港で暮らしている二女から
遊びに来るよう誘われており、夏祭りが終わってから旅行に行く約束をし、
楽しみにしていたが、かなわなかった。

田中孝昭さんは、金物店を営み、
どんな小さな物でも注文があれば配達。
取引先の信頼も厚かった。
二人の娘の花嫁姿を楽しみにしていた。

鳥居幸さんは、心優しくさっぱりした性格で、
先輩からも後輩からも慕われる存在。
本がとても好きで、
将来は本を出版するような仕事をするのが夢だった。

4名の犠牲者を出した、和歌山市・毒物カレー事件の一審判決公判。被告人・林真須美に対して求刑どおりの死刑判決を言い渡した際、理由中で読み上げられた一節。

和歌山地裁　小川育央《いくおう》裁判長
当時54歳　2002.12.11［理由］

過去に例のない配慮

1998年7月25日夕方、町内の夏祭り会場で、地元の住人にカレーライスが振る舞われました。朝から、大鍋でじっくり煮込んで作られた力作です。

「お先にどうぞ」と勧められ、真っ先にカレーを口にしたのは、町内会長の谷中さんと、副会長の田中さんでした。直後に谷中さんが激しく嘔吐しはじめ、カレー配りは中止されます。粘性の高いカレーソースの中で、毒物の粉末が全体に混ざりきっておらず、上のほうに固まっていたため、初めの段階で食べた人に深刻な被害が集中したのです。逆に、毒物の量のわりに犠牲者が少なくて済んだのも、そのためでした。

住人たちが次々とうめき、苦しみ出す壮絶な事件現場。しかし、谷中さんは「わしは最後でいいから」と、住人を先に救急車で送り出し、最後まで現場に残っていました。

裁判長が右のような形で被害者に言及するのは、過去に例のないことです。これまで日本の刑事裁判では検察と被告人が当事者とされ、被害者は無視に等しい扱いを受けてきました。しかし現在、第3の当事者として、被害者の裁判参加が、実現に向けて動き出しています。本件の小川裁判長の言葉も、そのような時代の変化を反映してのものでしょう。

コラム

弁護士

凶悪犯罪から、離婚問題、ご近所同士のいざこざまで。弁護士とは、世の中で起こる、あらゆる種類の法律事件を扱える資格です。

刑事裁判での検察官が、被告人に対する「攻撃役」だとしたら、弁護士は被告人を援護する「味方」の役回りになります。しかし、ときには被告人をやたら責め立てるような質問を続ける弁護士さんもいらっしゃいます。検察官の言いたいことを先回りして出し尽くしておいて、攻撃の効果を弱めようとする作戦なのでしょう。

刑事裁判で登場する弁護士は、特に「弁護人」と呼ばれます。民事裁判では「代理人」、さらに、家庭裁判所の少年審判では、「付《つき》添人《そいにん》」という名前が付いています。

呼び名の違いは、それぞれの法廷における弁護士の微妙な役割の違いを表しています。民事裁判の代理人は、刑事裁判と比べると、客観的な真実の発見よりも、相手方とのトラブル解決のほうにより重点を置いています。また、付添人は、何らかの理由で道を踏み外した少年に代わって、更生していく決意を審判官に訴えかけます。

そうはいっても、法律相談や破産管財人、国際ビジネスの橋渡し役など、むしろ弁護士は、法廷の外で活躍の場がたくさん用意されている職業なんですがね。

第10章

頼むから立ち直ってくれ

裁判官の切なる祈り

321回にわたる公判で、被告人には疲労の影も色濃い。

贈賄の罪に問われた、リクルート社創業者にして元会長の江副浩正(66歳)に対し、5年間の執行猶予がついた懲役3年の有罪判決を言い渡して。

東京地裁 山室惠裁判長
当時54歳 2003.3.4 [理由]
→P.5、110

事件発覚から14年9カ月、初公判から13年3カ月

松本智津夫の一審に費やした公判回数ですら、257回。最初にこの事件を担当したのは、すでに退官して都内で公証人をなさっている渡辺忠嗣判事でした。初公判前には、ロッキード事件を裁いた岡田光了判事（故人）から「審理に時間をかけちゃいけないよ」と助言を受けておられたようです。

しかし、検察・弁護側の双方が争点を絞りたがらず、相手が何か言えば「異議あり」を連発。市販の解説書を読めばわかることまで証人尋問を求めるなど、公判は紛糾。結局、公判の担当を引き継いだ山室判事は大小53にのぼる争点について、ひとつひとつ分析を加える判決文を書くことになりました。

現在は、前もって法廷以外の場所で、裁判官・検察官・弁護人の法曹三者が話し合い、必要な証拠や争点を絞りこんでおく「公判前《ぜん》整理手続き」があります。なので、この裁判のような混乱は起こりにくくなっています。

リクルート事件とは、店頭公開直前で値上がり確実とされた、リクルートコスモス（現・コスモスイニシア）社の未公開株式を、政治家や官僚らに配ってご機嫌をうかがい、リクルートグループにとって有利な政策をとってもらおうとした汚職事件です。「財テク」という言葉が生まれたバブル景気の夜明け、1986年の出来事でした。

あなたのような動機で人を殺しては、
社会は成り立たない。

殺人、非現住建造物放火の罪に問われた被告人に対し、懲役12年の実刑判決を言い渡して。

宮崎地裁 小松平内裁判長
当時54歳 2003.9.12［説諭］
→P.18

南国情緒あふれる街で起きた惨事

「仕事のミスを感情的に叱責されて、ストレスが増えて……」などと、動機を説明した被告人。それで恨みを持ち、開店前だった勤め先の店舗に放火。その足で、自分を叱りつけた女性従業員の家に乗り込み、寝ている彼女の胸を包丁で突き刺しました。

たしかに、7年間も勤め続けてきて、40歳も過ぎているというのに、他人からガミガミ叱られたくはないでしょう。腹が立つ気持ちはわかりますが、だったら、仕事をイヤミなぐらい完璧にこなして相手を見返したり、注意を軽くあしらったり、あるいは辞表を提出したり、普通はそうするものです。そんなことでいちいち人を殺していたら、今ごろ、日本人の死亡原因第1位が「殺人被害」になっているはずです。

本件で被告人によって火を放たれた雑貨店は、宮崎県一の繁華街にありました。「繁華街？宮崎にはハニワとサボテンしかないんじゃないの？」などと、ナメてかからないように。私も遊びに行ったことがありますが、宮崎市の中心部には、道路脇に立ち並ぶヤシの木々が印象的な、かなり開けた橘通りがあります。ですから、風向きや通報の遅れなど、ひとつ間違えば、この放火がきっかけで大惨事になっていた可能性もあったのです。

私があなたに判決するのは3回目です。

覚せい剤取締法違反（使用）の罪に問われた被告に対し、懲役2年の実刑判決を言い渡して。

福岡地裁　陶《す》山《やま》博《ひろ》生《お》裁判官
当時49歳　1998.2.19［説諭］

裁判官の転勤先にまで付いてきた

被告人は、過去に同じ罪で1993年に佐賀地裁で懲役8カ月、1995年に福岡地裁で懲役1年6カ月の実刑判決を受けました。かなりのハイペースですが、いずれも陶山判事が刑を言い渡しています。同じ裁判官に2度というのは、ないことではありませんが、異動先まで同じタイミングで付いてくるとは、ものすごい縁です。被告人は、福岡県柳川市という佐賀との県境の街に住んでおり、だからこそありえた偶然とも言えましょう。

陶山判事は「私は2回裏切られたが、強い意志を持って、これを最後に本当に覚せい剤をやめてください」と説諭したそうです。3度目だと、さすがに言うこともなくなってきますよね。

裁判官とは、とにかく異動・転勤が多い職業で、ほぼ3年に一度は辞令が出されます。それはどうやら、権力を持った者が同じ地域に長くいれば地元住民との癒着が起こり、判断に影響が出てしまうおそれがあるという理由のようです。裁判長が転勤したために他の裁判官が法廷で判決を代読する、というのも当たり前に行われる手続きだったりします。

判決期日を2カ月先にしますので、
阪神大震災のボランティアなどをしてみることを勧めます。

道路交通法違反（無免許）の罪に問われた男の公判が結審して、裁判官から発せられた判決期日延期宣言（のち、2カ月間の再延期）。

神戸地裁姫路支部 安原浩裁判官
当時52歳 1996.5.24 ［その他］

日本初、裁判官によるボランティア勧告

無免許運転での執行猶予中に同じ罪を犯した被告人。「罪は罪だが、今の生活を台なしにすると思うと、魔が差したとしか言いようがない」と涙で語る彼に、安原判事が勧めたのは、仮設住宅に住む人々の話し相手になるボランティア活動でした。途中でさらに2カ月延長されて、計4カ月間の活動を評価し、安原判事は、これまた珍しい「再度の執行猶予」をつけました。

しかし3日後、ボランティア活動に向かう途中、男はまたしても無免許運転で逮捕され、結局は別の裁判官が実刑判決を言い渡しました。判決理由では、「ボランティア活動の内容は道路交通と関係なく、裁判も遅れた」と、安原判事への厳しい評価もされています。

それでも安原判事は、のちに強姦致傷事件の公判で被告人にまたボランティアを勧め、執行猶予をつけたのです。「処分が甘すぎる」という批判ももっともですが、新たな試みに挑み続ける姿勢には敬意を表したいと思います。安原判事は、裁判官による意見発信団体である「日本裁判官ネットワーク」の設立メンバーとしても知られています。

諸外国をみるとドイツでは、刑事政策としてのボランティアは一般的ですし、アメリカの裁判所でも、退役軍人記念公園の施設を壊した少年らに対し、社会奉仕活動と、映画「プライベート・ライアン」の鑑賞を命じる判決が言い渡されたことがあるようです。

吸いたくなったとき、
家族を取るか大麻を取るか、
よく考えなさい。

自宅の一室で、大麻48鉢を栽培していたとして、大麻取締法違反の罪に問われた被告人に対し、執行猶予つきの有罪判決を言い渡して。

横浜地裁横須賀支部 福島節男裁判官
当時55歳 2004.10.28［説諭］

普通は悩まない2択

公判では、被告人の母親が情状証人として出廷し、「息子が大麻を吸うとは知らなかった。二度とやらぬよう監督する」と証言しました。わが子がそんなものに頼らないと人生を楽しめないと知った、親御さんのショックは大きいでしょう。大麻か家族か、普通は悩まない2択です。

自室に照明器具や扇風機、変圧器を備えて、大事に苗を育てていた被告人。さすがにベランダで大っぴらに「大麻ガーデニング」とシャレこむのは、マズいと思ったんでしょうね。

犯行動機については「自宅で栽培したら安く吸えると思った」と供述しています。まるで「自宅で自炊したら安く食えると思った」という学生みたいなコメントですね。もともとの性格は堅実だったんでしょうか。

こんな発言も

「薬物のフルコースで、責任は軽くない」

覚せい剤、コカイン、大麻を所持していた予備自衛官に、有罪判決を言い渡して。

（横浜地裁横須賀支部　福島節男裁判官）２００５／11／10

最後の機会を与えます。
返済するというあなたの言葉を、
だまされたことにして信用するから。

詐欺の罪に問われた被告人に、執行猶予つきの有罪判決を言い渡して。

名古屋地裁　松永眞明《しんめい》裁判官
当時46歳　1991.12［説諭］

反省の弁も空々しいが……

「甘く考えていた」「命ある限り返したい」……被告人の反省の弁があまりに空々しく聞こえたのか、松永判事は「うそつきは泥棒の始まりです」とも一喝しています。

被告人は63歳の主婦。夫に相談せずに、カードを使って、いろいろなものを手当たり次第に買いあさってしまいました。借金の返済に困った被告人は裁判所に自己破産を申請し、借金をチャラにする「免責許可の決定」を受けます。

しかし、このとき被告人は見栄をはり、借金の総額を少なく申告していたため、残った借金が再び、利息とともにどんどん膨れあがっていったのです。自己破産を相談した弁護士をだまし、裁判所をだまし、次に彼女がだましたのはカード会社でした。

彼女は偽名を使ってカードをつくり、貴金属などを買いあさっては売り払うことを繰り返し、期日の迫った返済にあてていました。一方、それまでの派手な生活を止めることもできず、結局、借り入れ金額は積もり積もって3000万円以上になっていました。

当時、自己破産の申請件数は全国で2万件前後。バブル崩壊が引き金で増加傾向にあり、社会問題になりはじめた頃の事件です。なお、現在は20万件を軽く超えています。

人間というものは、誰だって辛い思いをする。
良いこともあれば悪いこともある。
悪いときにはスポーツをするとか、気分転換を図るとか。
君には生きていく知恵が欠けていたのかもしれないね。

インターネットの「自殺サイト」で知り合った男性3人が集団自殺を図り、1人が死亡した事件で、自らは目的を遂げられずに生き残り、死亡した男性の自殺行為を精神的にサポートしたとして、自殺幇助の罪に問われた21歳の大学生に対して。

富山地裁　手崎政人裁判官
当時47歳　2005.6.6［説諭］
→P.104

死にたがる人にかける言葉

イギリスでは、自殺未遂そのものを犯罪として処罰していた時代もあったようですが、現代の日本では刑事罰の対象外です。

手崎判事による説諭は、まだまだ以下のように続きます。

「今ばかり思っていても仕方がない。過去ばかり見ることは、もっと仕方がない」

「パソコンの前にいたって、新しいものは出てこない。孤立する原因は、人づきあいにある。この事件以後、心配してくれた周囲の人たちと、少しずつつながりを持って、心の弱さを克服してほしい」

ボランティアで運営されている「いのちの電話」の相談員は、「死にたい」という相手の叫びを拒まず、まず正面から受け止めるのだそうです。言葉をかけるとすれば、その人の追いつめられた状況を察するひとことです。

もし被告人が「いのちの電話」に電話していたら、相談員はこの説諭のような言い方は決してしなかったでしょうね。でも、どこかの段階では、手崎判事のような、ストレートに叱咤して励ます言葉が必要なのだと思います。状況に応じたアドバイスの言葉を充実させること。自殺大国・日本の汚名を返上する第一歩ではないでしょうか。

だだっこ。
それも個性だけど、そういう感情が優先してしまうところを、
直せとはいわないが、気づいてほしいね。
社会人の先輩としてはそう思うけどね。

建造物侵入の罪に問われた被告人に、執行猶予つきの有罪判決を言い渡して。

東京地裁　村上博信裁判官
当時56歳　2006.4.18［説諭］

元ジャニーズJr.にストーカーを続けた42歳の「だだっこ」

村上さんは、東京地裁の名物判事として知られる方。締めるときはビシッと締めつつも、冗談を交えたり被告人をおだてたりして、本音を引き出そうと試みます。

被告人は42歳の女。被害者は元ジャニーズJr.の会社員。芸能活動をしていた頃から熱烈なファンだったようです。彼が芸能界を引退した後も、ファン仲間から住所を聞き出して、近くのマンションに移り住み、そこから、数年間にわたる彼女のストーカー生活が始まりました。被告人は病気で子どもを産めない身体になり、それがきっかけで離婚も経験したそうです。行き場を失った母性が、一直線に被害者へ向かっていったということなのでしょうか。

「イケメン……彼がイケメンスターなのか知らないが、それより彼が頑張っている姿を見て、そこから入ったわけか」……ファン心理の理解に努めた村上判事は、執行猶予判決を即日で言い渡しました。名古屋から迎えに来た父親への配慮でしょう。

「帰りの電車の中で、お父さんとよく話してごらんなさいよ」と、右手の人差し指を立てながら言い聞かせるしぐさは、失礼ながらなんともキュート。私はこの公判を傍聴して以来、村上判事のファンになりました。

子供に障害があろうと、親には養育する責任がある。
それを放棄したのは大きな考え違いです。
ひとりの考えには限界があるから、
今後はひとりで悩むより、自分の弱みを見せて、
人の力を借りるという生き方を考えてください。

無理心中を図って娘を絞殺するも、自らは死にきれずに殺人の罪に問われた被告人(母親)に対し、5年間の執行猶予のついた懲役3年の有罪判決を言い渡して。

東京地裁　大谷剛彦裁判長
当時49歳　1997.2.12［説諭］

あなたの手話を、障害者の役に立てて

犯行の前日、被告人一家3人は、東京ディズニーランドへ遊びに行っています。夜の「エレクトリカル・パレード」なら、音が聞こえない娘も楽しめる、と思ったそうです。

帰宅後、かねてから別居話を持ちかけていた夫に「もう一度話し合いたい」と被告人は詰め寄ったのですが、取り合ってもらえませんでした。この夫はギャンブルで多額の借金をつくり、一家にひずみを生じさせた張本人なのですが。

追い詰められ、ひとりで思い悩んだ被告人は、寝ている娘の首をスカーフで絞め、せめてもの償いか、お気に入りだったミッキーの人形を傍らに寝かせます。自らも両手首をかみそりで切りつけ自殺を図りますが、異変に気づいた夫が病院に運びこみました。

量刑の判断において、殺された子どもに障害があったことをどう考えるのか。これは正直、難しい問題です。ちなみにフランスでは、母親が妊娠中に風疹にかかったために、複合的な重度障害をもって産まれた子どもの名義で、両親が「障害児を出産する可能性が知らされず、中絶の機会を失った」という訴えを起こしました。2000年、フランス最高裁（破棄院）は、風疹の症状を見逃した医師に対して損害賠償を命じ、これは世界的な話題になりました。

大谷裁判長はさらに「あなたの手話を、障害者の役に立てて」とも諭しておられます。

君には能力がある。
このままでは巨大な悪を行わないか心配だ。
自分がしたことをよく考えなさい。

強要の罪に問われた被告人に対する質問中。

大阪地裁　水島和男裁判官
当時54歳　2006.5.26［質問］

要領のいい人の発想法?

被告人は、大阪大学工学部4回生にして、繁華街「キタ」でホストクラブを経営していた23歳の男。肩書きだけで、なにやら一癖二癖ありそうな手ごわい印象はあります。勉強もできるし、遊びもうまい。自信満々で統率力もある。ちょいワルな感じもある。そういう男に惹かれる女性は多いでしょうな。ふーん。

被告人が経営する店に勤めていたホストが店から金を借りたまま連絡がとれなくなったことから、被告人は、そのホストと交際していた女性を店に呼び出し、「さっさと借用書を書け、殺すぞ」などと脅し、300万円の借用書を書かせたんだそうです。

被告人は公判で「二度とこういうミスをしないようにしたい」と述べており、水島判事に「事件を軽く考えているのでは」と、ツッコミを入れられました。

犯罪も、数あるミスの一つ、そういう発想ができる人を、世間では「要領のいい人」というのでしょうか。私も要領よく生きたいとは思っているのですが……。

ケガを負わせたわけでなく、
50万円は高額とも考えられるが、
裁判所の、学校教育の場から
体罰をなくしてほしいとの気持ちの表れです。

授業の進め方に不満を述べた公立中学校2年の女子生徒に対して、顔面を2回にわたって平手で殴った男性教諭に、都と市に連帯して50万円の賠償命令を言い渡して。

東京地裁　園尾隆司裁判長
当時46歳　1996.9.16［付言］

落研出身、敏腕、熱血のスーパー判事

「破産事件は倍々に増えていますが、いずれ止まります。なぜなら、このまま10年増え続けると、都内の事務所が全部破産する計算ですから」……この園尾判事、業界ではかなり有名な方です。東大の落語研究会出身で、弁護士も油断していると簡単に言い負かされる、と恐れられるほど弁が立ちます。裁判官としては珍しいタイプと言えるでしょう。

山一證券の破産事件を担当したほか、従来、高い報酬が必要だった破産管財人（弁護士）を20万円で付ける「少額管財制度」を導入し、「お金がなくて破産できない」という矛盾を解消しました。若い頃研修を受けたアメリカでは、管財人が約100ドルで付いたそうです。そのときの経験を活かしながら、制度導入後も統計を取り続け、多くの改善を重ねています。

しかも、園尾判事、ズバ抜けた決断力・合理的思考力の持ち主というだけでありません。本件では「感情に任せた暴行。教育の名に値しない」「体罰擁護論が国民の本音として聞かれるのは憂《うれ》うべきこと」とも語る熱血漢です。

園尾判事のような方にこそ、裁判所組織の中でどんどん出世してほしいと、切に願うところです。

還暦の前には刑期を終えるが、
そのときは世間から後ろ指をさされずに
胸を張って生活していけるよう、
襟を正してほしい。

勤め先だった青森県住宅供給公社から、約14億5900万円を横領した、元同公社の経理業務主幹(当時45歳)に対し、懲役14年の実刑判決を言い渡して。

青森地裁 山内昭善裁判長
当時49歳 2002.12.12 [説諭]

アニータさんの夫は服役中

被告人は、横領金のうち約8億円を、チリ人妻のアニータ・アルバラドさんへ送っていました。しかし、当の妻は横領金であることを知らなかったと主張し、さらに被告人のことを「好きだったけど愛してなかった」と言い放っています。一方で、被告人は別の外国人女性にも入れこんで、かなり散財していたようですので、「どっちもどっち」という印象はぬぐえません。判決は「県内雇用者一人当たりの所得348年分に相当する被害額は、他に類例の乏しい莫大なもの」と、被告人を厳しく断罪しました。

気になるのは、14億円という巨額の資産を持ち去られても、青森県住宅供給公社はビクともしなかったことです。青森県では、1980年代の不動産バブルの影響をほとんど受けず、公社が開発した宅地は、その割安感から飛ぶように売れたそうです。経営はきわめて順調で、数十億円の利益が出ていました。その利益を特殊な会計処理によって隠していたことから、一部を職員がつまみ食いしても、しばらくバレないままになっていたんですね。

先日再び来日したアニータさんに、青森県民は「金を返せ」と怒っていましたが、住宅供給公社にも「溜め込んだ利益を還元しろ」と矛先を向けるべきかもしれませんね。

コラム

「いかにも法律用語っぽい」マスメディア用語

容疑者……罪を犯したと疑われ、捜査の対象になっているが、まだ起訴されていない段階の者を意味するようです。しかし、法律のプロは、この意味で容疑者という言葉を使うことはなく、すべて「被疑者」と呼びます。

被告……民事裁判で訴えられた人は「被告」、刑事裁判では「被告人」と呼ばれます。しかし、報道などでは、刑事裁判の被告人まで「被告」と言ってしまうために、「被告」という言葉のイメージが悪くなってきています。そこで民事で原告に訴えられた側を「相手方」と呼び替える動きもあるようです。

書類送検……被疑者を起訴するかどうかの判断を委ねるため、捜査にあたった警察官は、検察官に捜査結果の情報などを送ります。これは郵送でもファックスでもなく手渡しで行います。報道では、被疑者を逮捕せずに捜査している場合に警察官が事件を検察官に送ることを「書類送検」、逮捕した被疑者の身《み》柄《がら》も一緒に送る場合を「身柄送検」と呼んでいるようです。しかし、そもそも「送検」という法律用語はなく、逮捕されているか否かにかかわらず、「検察官送致」です。

起訴事実……被告人が犯した罪であると、裁判で検察官が主張している事実を意味するようです。これも「らしさ」にだまされそうになりますが、法律用語ではありません。法律用語では「公訴事実」。刑事裁判を傍聴してみると、法廷でも「公訴事実」で統一されているのが分かります。

おわりに

裁判官とは、誠実に仕事を果たしたとしても、ときに人から恨まれることがある、哀しい職業です。だから、日々の職務はできるだけ淡々と機械的にこなすほうが、精神衛生上いいのかもしれません。

裁判官の評価は「判決や和解を出した数の多さ」に集約されています。長々と30分も説諭をするのだったら、その時間で薬物事件の1件も済ませたほうが出世に近づくというわけです。

当然ながら、裁判というものは、芸やパフォーマンス、リップサービスが求められる場ではないので、私がこの本でご紹介してきた「ひとこと裁判官」の皆さんは、決して、裁判官のあるべき姿とは言えないのかもしれません。また、ひとこと裁判官が増えることで、日本の司法が抱える問題が解決されるとも思っていません。法律論以外のムダを削ぎ落として、わずか数行で判決理由を仕上げる、それだって裁判所のひとつのあり方です。

それに、あんまり若い判事補に滔々《とうとう》と人生を語られても困りますしね。

ただ、裁判官が、被告人や事件の当事者と法廷で出会うこと。これも縁です。そういった縁を大切にして「裁きっぱなしにはできんな」「どうすればわかってくれるんだろうか」と、いったん六法全書を脇に置いて、いろいろと心を砕いている。誰かを裁く前に「自分は何者なのか」を明らかにしている。私はそんな裁判官が好きなのです。

この本は、そんな裁判官の存在を1人でも多くの人に知ってほしくて書きました。もちろんこの本を読んだからといって、日本の司法がわかるようになるわけではありません。ただ、裁判員制度をはじめとして、日本の裁判制度が大きく変わろうとしている今、法律という同じ道具を使っていても、裁く人が違えば、これだけ多様な裁き方があるのを知ることには、なにがしかの意味があると私は考えます。

100個近い語録を挙げていますが、文字どおり「百聞は一見にしかず」。次はぜひ一度、お近くの法廷を訪れて、現実の裁判を肌で感じてください。平日の昼間しか開いていませんので、会社にお勤めの方に裁判傍聴を勧めるのは気が引けるのですが、申し込み不要で入場無料。ふつうの方が想像しているよりは、ずっと簡単に入れます。

また、インターネット上に裁判傍聴のメモを載せている人が全国にたくさんいます。私が特にオススメしたいのは、名古屋地裁に通いつづける「絶坊主」さんのブログです。かなり気合いの入った、クオリティの高い傍聴録を読むことができます。

「名古屋地方裁判所　やじうま傍聴記」http://chisai.seesaa.net/

編集担当の小木田順子さんをはじめ、こんな前例のない本を出版してくださった幻冬舎の皆様、本当にありがとうございます。

小木田さんの編集方針は明確で、「そんなふざけたこと書いちゃダメよ。それくらいにしときなさい」と優しく注意される31歳児の心境で、私は本を完成させることができました。

それではまた、どこかでお会いしましょう。

2007年2月吉日　　長嶺超輝

主な参考文献・サイト
（新聞及びニュースサイトは省略）

『全裁判官経歴総覧　期別異動一覧編』日本民主法律家協会・公人社
『全裁判官経歴総覧　関与判例・著作編』日本民主法律家協会・公人社
『職員録（各年度版）』大蔵省印刷局
『裁判官Who's Who（首都圏編）』池添徳明・現代人文社
『最高裁物語（上）（下）』山本祐司・講談社＋α文庫
『犯罪白書（平成17年度）』法務省法務総合研究所
『司法統計年報（平成17年度）』
『裁判所データブック2006』最高裁判所
『人事訴訟事件の概況』（平成17年1月－12月）最高裁判所事務総局家庭局
『刑法総論講義』前田雅英・東京大学出版会
『刑法各論講義』前田雅英・東京大学出版会
『刑法総論』山口厚・有斐閣
『刑法各論』山口厚・有斐閣
『日本司法の逆説』西川伸一・五月書房
『法廷傍聴へ行こう』井上薫・法学書院

『ドキュメント裁判官 人が人をどう裁くのか』読売新聞社会部・中公新書
『ドキュメント弁護士 法と現実のはざまで』読売新聞社会部・中公新書
『ドキュメント検察官 揺れ動く「正義」』読売新聞社会部・中公新書
『日本の裁判官』野村二郎・講談社現代新書
『司法修習生が見た 裁判のウラ側』司法の現実に驚いた53期修習生の会・現代人文社
『裁判官はなぜ誤るのか』秋山賢三・岩波新書
『ビジョン― 愛そのものになる』高橋弘二・読売新聞社
『高塀の中の養生訓』心泉・心泉社
『原訳 法句経 ダンマパダ 一日一悟』A・スマナサーラ・佼成出版社
『法句経からのメッセージ』高瀬広居・グラフ社
『電話による援助活動』日本いのちの電話連盟・学事出版
『判例時報』No.924・1409・1431・1432
『Themis』2001年9月号
裁判所ホームページ http://www.courts.go.jp/
法令データ提供システム http://law.e-gov.go.jp/cgi-bin/idxsearch.cgi
弁護士・紀藤正樹のLINC http://homepage1.nifty.com/kito/
インターネット行政調査新聞 http://www.gyouseinews.com/
無限回廊 http://www.alpha-net.ne.jp/users2/knight9/m.htm

著者略歴

長嶺超輝《ながみねまさき》

一九七五年長崎県生まれ。
九州大学法学部を卒業後、弁護士を目指し、
塾講師や家庭教師の指導と並行して司法試験を受験。
七回の不合格を重ねて懲りる。
現在はライター業の合間をぬって裁判傍聴に通う日々。
二〇〇五年の最高裁判所裁判官国民審査では、
対象となった裁判官六名の経歴や過去の発言、
判決骨子をまとめたサイト「忘れられた一票」が
各方面で大きな反響を呼ぶ。
司法脱線ブログ「法治国家つまみぐい」
裁判傍聴メルマガ「東京地裁つまみぐい」
http://miso.txt-nifty.com/

幻冬舎新書 031

裁判官の爆笑お言葉集

二〇〇七年三月三十日 第一刷発行
二〇二三年六月十日 第三十四刷発行

著者 長嶺超輝

発行人 見城徹
編集人 志儀保博
発行所 株式会社 幻冬舎
〒一五一-〇〇五一 東京都渋谷区千駄ヶ谷四-九-七
電話 〇三-五四一一-六二一一(編集)
〇三-五四一一-六二二二(営業)
公式HP https://www.gentosha.co.jp/
ブックデザイン 鈴木成一デザイン室
印刷・製本所 中央精版印刷株式会社

検印廃止
万一、落丁乱丁のある場合は送料小社負担でお取替致します。小社宛にお送り下さい。本書の一部あるいは全部を無断で複写複製することは、法律で認められた場合を除き、著作権の侵害となります。定価はカバーに表示してあります。
©MASAKI NAGAMINE, GENTOSHA 2007
Printed in Japan ISBN978-4-344-98030-3 C0295
な-3-1

*この本に関するご意見・ご感想は、左記アンケートフォームからお寄せください。
https://www.gentosha.co.jp/e/

幻冬舎新書

井上薫
狂った裁判官

裁判官が己の出世欲と保身を優先することで、被告人の九九%が有罪となる一方、殺人を犯しても数年の懲役しか科せられないことさえある……矛盾がうずまく司法のカラクリを元判事が告発する衝撃の一冊。

浅羽通明
右翼と左翼

右翼も左翼もない時代。だが、依然「右―左」のレッテルは貼られる。右とは何か？　左とは？　その定義、世界史的誕生から日本の「右―左」の特殊性、現代の問題点までを解明した画期的な一冊。

小山薫堂
考えないヒント
アイデアはこうして生まれる

「考えている」かぎり、何も、ひらめかない――スランプ知らず、ストレス知らずで「アイデア」を仕事にしてきたクリエイターが、20年のキャリアをとおして確信した逆転の発想法を大公開。

白川道
大人のための嘘のたしなみ

仕事がうまくいかない、異性と上手につき合えない……すべては嘘が下手なせい！　波瀾万丈な半生の中で多種多様な嘘にまみれてきた著者が、嘘のつき方・つき合い方を指南する現代人必読の書。

幻冬舎新書

橘 玲
マネーロンダリング入門
国際金融詐欺からテロ資金まで

マネーロンダリングとは、裏金やテロ資金を複数の金融機関を使って隠匿する行為をいう。カシオ詐欺事件、五菱会事件、ライブドア事件などの具体例を挙げ、初心者にマネロンの現場が体験できるように案内。

手嶋龍一　佐藤優
インテリジェンス　武器なき戦争

精査・分析しぬかれた一級の情報《インテリジェンス》が、国家の存亡を左右する。インテリジェンスの明らかな欠如で弱腰外交ぶりが顕著な日本に、はたして復活はあるのか。二人の気鋭の論客が知の応酬を繰り広げる。

和田秀樹
バカとは何か

他人にバカ呼ばわりされることを極度に恐れる著者による、バカの治療法。最近、目につく周囲のバカを、精神医学、心理学、認知科学から診断し、処方箋を教示。脳の格差社会化を食い止めろ！

久坂部羊
日本人の死に時
そんなに長生きしたいですか

あなたは何歳まで生きたいですか？　多くの人にとって長生きは苦しく、人の寿命は不公平だ。どうすれば満足な死を得られるか。数々の老人の死を看取ってきた現役医師による〝死に時〟の哲学。

幻冬舎新書

エリオット J・シマ
金正日の愛と地獄

裏切り者を容赦なく処刑し、大国を相手にしたたかに渡り合う暴君で非情の独裁者・金正日の、男として、父親として、金王朝の王としての人間像、指導者像に肉迫するセンセーショナルな一冊。

みのもんた
義理と人情
僕はなぜ働くのか

仕事は「好き」から「楽しい」で一人前、1円玉を拾え、人の心を打つのは「本気」だけ。ひと月のレギュラー番組三十二本、一日の睡眠時間三時間。「日本一働く男」の仕事とお金の哲学。

本橋信宏
心を開かせる技術
AV女優から元赤軍派議長まで

人見知りで口べたでも大丈夫！　難攻不落の相手の口説き方、論争の仕方、秘密の聞き出し方など、大物、悪党、強面、800人以上のAV女優を取材した座談の名手が明かす究極のインタビュー術!!

団鬼六
快楽なくして何が人生

快楽の追求こそ人間の本性にかなった生き方である。だが、自分がこれまでに得た快楽は、はたして本物だったのか？　透析を拒否するSM文豪が破滅的快楽主義を通して人生の価値を問い直す！